科学的
边角余料

阿溟 著

中国致公出版社
China Zhigong Press

图书在版编目（CIP）数据

科学的边角余料 / 阿溟著．
—北京：中国致公出版社，2016

ISBN 978-7-5145-0975-5

Ⅰ.①科… Ⅱ.①阿… Ⅲ.①科学知识—普及读物
Ⅳ.①Z228

中国版本图书馆 CIP 数据核字(2016)第 202321 号

科学的边角余料

阿　溟　著

责任编辑：董拯民　宋修华
责任印刷：岳　珍

出版发行：中国致公出版社
地　　址：北京市朝阳区八里庄西里 100 号住邦 2000 商务中心 1 号楼东区 15 层
邮　　编：100025
电　　话：010-85869872（发行部）
经　　销：全国新华书店
印　　刷：北京嘉业印刷厂
开　　本：880mm×1270mm　1/32
印　　张：6.5
字　　数：160 千字
版　　次：2016 年 9 月第 1 版　　2016 年 9 月第 1 次印刷

定　　价：32.00 元

新版自序

当我写下这篇自序的时候，距离这本书的第一版出版刚好过去了5年。5年前，自己还身处大学攻读博士，每天都进出于科研的“腹地”，每天都深刻地感受到本书中所讲述到的那些科学之中的问题。而今天，我更贴近社会，虽然那些科学的问题似乎逐渐远离了自己的视线，但仍旧能够感受到它们和这个世界所存在着的千丝万缕的联系和产生的影响。

科学从来都不是单独而孤立存在的，正如我们所看到的那样，它早已渗入到了我们生活的方方面面，而它所带来的影响也是多种多样的。科学所无法解决的那些问题，恰恰是它自己制造的。科学在一路狂奔的同时，颠覆了人类社会一直以来构建的世界观。可能是社会的、环境的，也可能是形而上学的。

所以，我们必须清楚地意识到科学为这个世界创造了前所未有的文明，为人类开创了全新的生活环境。但，它仍不是完美的。因为我们依赖科学，所以我们需要正确地理解它，理解它的力量和强大，同时也需要理解它的不完美和并非无所不能。这一点是非常重要的。

但想看到这一点却又是很难的。我们生活在一个被科技包围的时代里，远离科学的前线，我们都在科学带来的奇迹里生活着。每个人都是科学的信徒，很难会有一个突破口让我们站在另一个冷静客观的角度看待科学给我们带来的一切。所以，我很庆幸，在5年前我借助自己的一点点不知深浅的勇气和冲动，完成了这本书。尽管个人的能力和学识有限，独自面对这样一个极富挑战和颠覆意义的创作角度显得十分力不从心，但我想，它的象征意义大于实际传达的内容。它提供了一个可能，当你翻开这本书的时候，就会看到科学的另一个我们所不熟知的面孔。

这是这本书存在的最大意义。

而时隔 5 年，本人的这本拙作能够得到再版的机会，更是十分惶恐。我想之所以可以有这样幸运的机会，更多的是人们对于书中所提供的这样的视角的一种积极回应。对此，我也感到十分欣慰。5 年后的再版，我调整了原稿中一些不恰当的语言表述、一些不够客观的理论观点。并且，在此基础上删改了部分章节，也增加了一部分这 5 年间新观察到的科学方面的问题。尽管这可能仍旧无法掩盖这本书的幼稚和不足，但我会尽我所能去改善，给长久以来支持自己的读者献上自己最好的文章是我坚持的写作原则。

在这里十分感谢为本书提供了诸多资料的朋友们，也感谢为本书的出版付出了艰辛努力的编辑和出版机构。感谢他们能够促成这本在科普文学中近乎另类的书稿的出版和推广。

阿溟

2016.2.27

原版自序

我挺想板着脸孔坐在这里，跟每一个人讲上一堂伟大的科学普及课。西装革履，正襟危坐，讲述科学世界的玄妙和神奇，以及给予这个世界带来的巨大的积极意义。像这个世界任何一个科学的“传道士”一样推销科学。这样很酷，也很轻松。但是有些乏味，也有些让自己不安。而同时还有另一条道路去看待科学这个问题。像这个世界上任何一件事情一样，科学也有着其不积极、不可为的一面。或者，他本身就是某些问题的“制造者”。只是，在近百余年的科学风行全球的风尚中，这些命题被科学的光芒所遮掩。而且，最致命的问题是什么你知道么？人们不仅对此深信不疑，而且习惯于将对科学的解读都交给“功力深厚”的科学专业人员们，人们宁可去听一个白发苍苍、两眼昏花的老教授的口齿不清的科学分析，也不愿自己去思考科学到底会带来什么。

而科学到底是什么呢？科学究竟给我们带来了什么呢？当我们早就将科学当作人类解释世界、解释自身最终极的手段的时候，有谁反思过这个问题么？要知道这很难，这需要你跳出现有的框架和思考模式。这对于生长于科学成果铸成的现代社会的我们尤其困难，虽然一切似乎就像摆在那里那样明显清晰。这甚至需要你像那些古代的哲人们一样，废寝忘食，苦苦思索。但是，要记得这背后的意义是重大的。因为我们究竟怎么就如此深信了科学，我们自己也不清楚。尽管科学很伟大，但是显然它也不是无所不能的，可我们却将它奉为神明。到目前为止，科学就像一匹挣脱了缰绳的烈马，嘶啸着向前狂奔，却没有人试图制止或者控制它。更可怕的是，作为一个专业出身的科学工作者，我必须很严肃地告诉你们，我们使用或者利用的大部分科学技术都是数年甚至数十年前在实验室里得出的科技成果，也就是说，一个研究成果从被发现、发明到变成现实是需要一段时间的。非常可能的是，在研究室阶段的若干成果中已经隐藏了未知的风险并且将会带来不可逆转的后果，而我们并不知道有哪些可怕的东西被人们错误地制造了出来，当然，不见得是会毁灭世界，可能是会让我们越来越迷茫，越来越疯狂。你得认识到，我们这个尚且平和并且依赖着科学的人类社会的和谐，随时都会面对来自科学界的挑战。

当然，如果你是期待从这本书中找到有关科学、有关人类的答案的话，你要失望了。在这个圣人被“取缔”了的年代，我无法完成如此光荣的使命。我只是作为一个对科学有所了解的内部人士，揭开科学世界神秘的面纱，为世界、为全人类作一次打入科学世界的“细作”。开动我有限的思考能力，为大家寻找到科学界的种种让人无法解释的疑问，然后共同思索。你会看到一些有趣的现象，也会看到一些让人头痛的问题，看到科学和人文的界限变得模糊，看到来自哲学、社会学、心理学对于科学的质问和告诫。

说到哲学，说到人文世界，其实它们原本就是和科学息息相关的。科学的观点影响着人类社会的发展，影响着人类思考世界的视界，甚至给艺术以生命力和灵感。科学和人文不是对立的，甚至也不是互补的，它们是一脉相承却又各自独立，但是同时又互相影响互相依存。翻看科学史就会发现，科学和人文的精神互换本就不是什么新鲜话题，而在今天二者之间却被人为地划分出了让人难以想象的巨大鸿沟，这显得另类而独特。

科学被这个时代推向了从未有过的至高地位，科学成为这个时代可以傲视一切的高大“旗帜”，却也逐渐抛弃了和其他学科之间的互动和交流。这是可怕的，科学的孤独意味着科学可能走向错误或者不归路。而我所渴望的只是，能够通过这样一本探讨科学与世界、科学与人类、科学与人文世界的换位思考的书，来提醒人们科学出发时的原点，提醒人们不要违背了科学精神。你不会从这本书里看到科学惯有的骄傲姿态，也不会看到以科学之名嬉闹、挑逗读者、贩卖科普的文字。同样，你也看不到肤浅的、娱乐性的垃圾论点，这些文章都是严肃的、冷静的，经过了我无数次苦苦思索；这些棘手的命题也会恶狠狠地逼迫你思考个不停。

当然，在光芒万丈的科学主导的世界里，这样的文字依然只能是边角余料，但是，我相信，这些文章所提供给我们的思考习惯将会成为积极而强大的精神食粮。而这个，正是我所希望和期盼的。

阿溟

2011.1.11

目　录

生

老

病

死

人类的野心是膨大的，围绕着“生”的探索在科学界和哲学界都可称得上古老的命题。然而最为可笑的是，我们今天还能坐在这里思考，全是因为我们都还是一个健康的“生”的状态。于是，和其他问题不同，我们绝无法跳出来去看个究竟。

1 当精子与卵子相爱

这个世界上，再没有比生孩子更古怪的事情了。首先，它的过程充满了血腥。“万马军中勇者胜”，从最勇猛、最强壮的那个精子到达了卵子的那一刻开始，一个生命就开始了他生物学意义上的一生。为了完成精卵结合，成万上亿的精子细胞前赴后继地死在赶赴与卵子相会的路上。我们每一个个体的成活背后都是从残酷淘汰了无数精子的道路开始的。一个成功，其他的全部失败，也就是说，一个成活，其余的去死。比起我们叫苦连天的社会竞争，我们最初的生命竞争要残酷得多。我们怎么成了今天这个模样？我们当年的英勇到哪里去了？如果人的记忆可以从精子时期开始，我想当年那胜利的一幕，足以激励我们一生奋勇前进。你想想，从数亿同类中脱颖而出的感觉，那是怎样让人兴奋的画面呢？那之后，你又有过几次机会尝试过这种感觉呢？当然，事实上，就算是真的有那段回忆，我们也未必能够一直因此而被鼓舞。你不能天天在面对来自方方面面的社会压力的时候，高喊：“我，曾经英勇的精子战士！”而且不要忘了我们的血液里还有另一半——卵子的力量。在卵子看来，当年奋勇的征战不过是那个她根本没看上的穷小子幸运地跌倒在终点线上而已。谁知道呢？

而另一方面，其实精子也死得起。同样的时间，同样的物种，当男人们制造出数百亿精子的时候，女人们却只有一个可怜的卵子，还要是在其生理周期正常的情况下。所以，千万别再信奉“男女平等”了，不管合不合理，不管你喜不喜欢，这两性差别从最开始设计的时候就是不平等的。

于是乎，有区别的生理结构导致了一系列的心理区别。动物社会学认为，男人的精子生产过剩是直接导致其好色、多外遇的生理原因。因为其多生产的目的就在于多繁衍。而雄性动物担任的职责就是传播更多自己的基因。很多人讨厌这个说法，不是不认同其背后很可能存在的生物学意义。只是担心，男人以此为借口，更加肆无忌惮。

事实上，这种担心是多余的。因为，作为人类，这种事情决不是男人找到了借口就可以不必承担道德责任的问题，相对的，即使没有这种借口，男盗女娼也是不会灭绝的。所以，又何必怪罪我们的生理特征呢？

同时，你也得清楚地认识到另一个问题，单纯去看这些生理特征对人类活动的影响。如果说男人因为精子的数量导致了他们好色的特征的话，相对的，女人们保守也不过是因为女人卵子的珍贵，而非洁身自好。显然这样的结论也会让女人的道德形象瞬间崩塌。不愿认同男人生理特征影响论的你，就能接受女人生理特征造成的影响论了么？

另一个有趣的现象是，如果你看过人类的染色体电子显微镜照片，你会发现处于最后两个的性染色体中，极大的区别就是一个高高大大的 X 染色体和一个又小又丑的 Y 染色体的鲜明对比。如果你还有幸研究或者看过数万年前的人类性染色体的话，你就会发现那时候的 Y 染色体比现在要高大许多。也就是说 Y 染色体在变小！

这意味着什么？

这意味着人类 46 条中唯一代表男性的染色体在不断缩小。而且在经过仔细的研究之后，科学家们还发现，不仅仅只是“尺寸”，连内部的构造 Y 染色体都比 X 染色体要差得多。X 染色体中含有 2000—3000 个基因组，而 Y 染色体中只有数十个而已。而且还有许多 X 染色体无法对应的基因组存在。数年前，科学家们发现这些现象的时候着实恐慌了一阵，因为如果照此下去，男人们将要从历史长河中消失了。如果是这样，我的可爱的女性同胞们，不会再有人让你整天疑神疑鬼了，也不会再有人为情所困，你喜爱的、讨厌的、浑身臭汗的男人不再存在了。这个世界成了女儿国，LES成了主流。当然，相对的，那时的人类可能已经进化到可以不必依靠有性繁殖来繁衍后代。那时候的人们可能需要依靠我们这个时代的照片来辨认曾经主宰着世界大多数领域的人类的一个分支——男人。说不定那个时候的人们还会嘲笑这个时代的女人们为何会对这样一种看起来很丑的人类分支而疯狂过。

不过，男人不必忙着哭啼，女人也别急着反省。后来的科学研究证明，Y 染色体缩小到一定程度之后将不再缩小，而且关于决定男性性别的基因组也从未出现减少或减弱的迹象。也就是说，男人不会消失，虽然 Y 染色体看起来不怎么好看，但是还管用。并且一直以弱小的形象出现，制造出最强壮最自大的一族人类出来。或者男人们从潜意识中知道决定自己的染色体是 46 条中最丑的一条，所以才总是这般死要面子，故作坚强。不过，这或许也仅仅是一个借口而已。

让我们再回到那个美丽又血腥的孕育生命的瞬间，我一直很好奇那些奔向卵子的精子们，难道没有一刻担心过自己无法到达，没有一刻思考或者怀疑过前方等待自己的是否是自己的“女王”么？而默默等候精子的卵子又会不会在某一刻焦躁过，担心自己没有机会等到赶赴过来的“王子”呢？又会不会在相遇的一刻笑着问对方，你还好么？

如果会，那是怎样矫情的一出肥皂剧啊。

2 上帝的失误

到底是什么动力促使上帝制造了人类，这是个有趣的问题。但是显然这是个让上帝后悔的决定。在动物学以及进化论的理论中，世界上的物种与其依赖着的生存环境之间一直保持着微妙的互生和互克的关系。任何物种都不能独立存活，更不会有一方做大，这个理论甚至也适用于植物和微生物界。

简单来说，也就是“总有你吃的，也总有吃你的”。大自然一直维持着这种高度残酷冷静的民主平等的系统。直到人类出现。

人类的到来着实给这个世界的某些自然法则带来了不少的挑战。比如说，植物的果实之所以味道鲜美，就是因为它需要吸引动物前来将它的果实中附赠的种子带往更远的地方。当然同时也将富含大量营养物的果实作为对传播种子的动物的报酬。完美的公平交易。可是人类对于果实中的种子要么集中处理成垃圾，要么干脆集中种植成果园。可以看出，人类不喜欢公平交易而偏爱暴利的习性是从远古挑战自然的时候就存在的弊病。而我们宁静而平衡的自然界就是从这一刻开始走向了失衡。

人类之后的历史就不需详论了，为了食物，为了空间，为了资源，人类对于自然界的利用和开发的进程越多越广，自然界被打破的平衡也就越多越广。而且种群遍布世界，无处不在，除了部分微生物之外，能如此成功地将物种扩散的如此开来的恐怕只有人类了。

为什么？大自然居然允许破坏性如此之强悍的人类猖狂地繁衍呢？初

学生物时就听过一个理论，如果仅仅计算苍蝇的繁殖率，苍蝇一日所繁殖的数量足以覆盖地球全部的表面。但是，之所以没有出现如此恶心人的画面，理由很简单，世界上布满苍蝇的天敌。这也就是“总有你吃的，也总有吃你的”理论了。可是，上帝大人显然在制造了人类这样麻烦的生物的同时，居然忘了给世界再添加一个可以降服人类的生物。上帝大人再次失误了。

事实上，人类也真的什么生物都没有真正怕过。就算是科学不发达的古代，尚有喝醉酒就敢和“吊睛白额大虫”玩命死磕的二百五，更别说懂得各种科学方法的今天了。为什么没有生物可以降服得了人类呢？这并非说明人类有多强壮，实际上如果仅仅是比拼搏击，很多动物都可以轻易打败人类。但是，正如果实的例子那样，人类从来不喜欢遵循自然原本的法则，面对对自己存在生命威胁的生物，人类也是避免正面接触，打不过跑，跑完了还可以制造陷阱、设计圈套来对付你。管你是身形矫健的猎豹还是凶残威武的狮虎，怎么能斗得过狡猾的人类呢？而且，人类居安思危的良好传统会促使人类续而继续研究更快、更有效地攻破对手的“战略战法”，不仅要求屡战屡胜，还要求“速战速决”。

于是，就这样，自然界里再也寻找不到可以消灭人类、控制人类的天敌了。就这样，人类成了这个世界最胆大妄为的物种。身材不魁梧、长相不威武的灵长类普通一族开始了它称霸地球的自然界的征途。在不到一万年的时间里，人类的足迹踏遍了地球每一寸土地，从围捕猎物到饲养动物，到迫使它们自然消亡。人类心照不宣地认定自己对这个地球拥有一切控制权。人类之所以可以如此“猖狂”，是因为人类很清楚自己发展的速度和规模也迫使自然界的一切生物远远落后于人类了。

据说自然规则中还有一个控制物种过度繁殖的“方法”，就是当一个物种过分繁殖的时候，过于密集的个体之间极易爆发毁灭性的流行病。自然界通过这种手段也曾歼灭了不少妄图统治世界的物种。事实上，这一条人类也并不能避免，人类的发展史上，每一次人口的大爆炸式的增长以及人口密度过高的时期，都伴随着新型流行病的高发。但是，问题在于，人类最终学会了治疗和预防。所以，这种规则虽然每次都能多少给人类带来灾难，但是依然无法真正意义上遏制住人类依然不断加快的繁殖速度。说到底，人类还是太聪明了。当然我并没有替人类吹嘘的意思，我想说的是，这个世界从这一刻就开始出现人类规则和自然规则共处的局面了。

所以，人类的这种“聪明”超出了其他生物所能承受的范围，这才是人类能够顺利统治地球成为霸主的最终极的原因。人类大脑的进化实在是太超前了。就连基因相似度高达 98% 的类人猿的大脑体积和神经回路数量也远远小于人类。2% 的差别，全差在脑子上了！于是，一个西装革履，一个还在深山以学会简单的工具运用为傲。这也是一种命运吧。

最可怕的问题在于，人类第一大器官——消耗人体 70% 能量的大脑依然在不断进化着。据动物学家的研究证明，未来的百年到千年之间，人类的头颅将比现在大 1/4 左右。想来就有趣，到时候满世界生活的人类都属于“下雨不愁”的类型，还能美起来么？虽然脑袋会不会真的变大还是存在很大争议的预测，但是人类的大脑依然会不停地进化，却是多年来科学家们的共识。

一个很大的疑问是人类的大脑为什么还要进化呢？人类的大脑不是穷其一生也不过能够利用 30% 左右的容量么？回答这个问题其实就像你了买一台配备 300G 硬盘的电脑，你不能等到硬盘空间全用干净了才想到扩充容量吧？所以，不要以为只有 Windows 系统和 iPhone 手机才会没完没了地升级，人类的大脑也一样。

于是乎，除非来自生物以外的原因，人类可能依然长期拥有对地球绝对的控制权。这一点暂时依然看不到任何变化。然而，最让人啼笑皆非的是人类希望通过科技来扭转自己给自然带来的危害以及影响，而实际上对于原本一直平衡的自然界来说，缺乏天敌，过于聪慧，人类的存在本身可能就是不合理的。这就像人类企图将一个装满水的袋子上的洞都堵上，却忘了自己本身就是一个大洞，那水依然会流走一样。

不过，也许“升级版”的人类的大脑能够找寻出合理的方法，让自己挥霍的道路可以走得更远一些。但在这之前，未“升级版”的我不知道怎么解答这个问题，而创造了人类的上帝估计每每瞻望尘世间的高楼大厦，听着机器轰鸣，看到百兽尽殆的时候，也只能咬着牙辛酸地说一句：“I’m太 Sorry 了！”

3 退化了的爱情功能

觉得人类的爱情具有绝对文明和超前的形式的人一定不在少数。但是，我觉得这个要看从什么角度来说，仅就功能和效率上来说，可不怎么地。

首先，人类退化了嗅觉上对异性性荷尔蒙的识别能力。别说跟狗比，跟什么动物比，我们的嗅觉都不算灵敏的。这意味着对面的佳人对你一见钟情，只要她不说，你就不知道，至少你闻不出来。不过，别担心，人类不会因为这个真得错过爱情的机会。比如，一个女生给一个男生打电话，说希望他过来一下，大多数男生都知道这代表着什么。你看，这就是人类的先进性了，可以通过语言进行爱情的沟通。但是，其实这个也不见得都是先进性。因为沟通的同时也可能带来另一个问题——误会。比如那个给男生打电话的女生可能只是希望男生过来修下电脑，然后滚蛋。

于是乎，原本充满欢悦的爱情，在人类这里因复杂而难以操作，且极费时间。但是，很可惜，人类退化了的爱情功能远远不止这些。大部分的哺乳类动物，包括大部分的灵长类都有固定的季节性发情期。而人类却没有所谓的发情期。这虽然意味着人类可以通年享用性爱，但是也让许多苦于不知如何处理两性关系的单身族们抓狂。如果不是这样，他们大可以像其他动物那样，把希望放在下一个春天。学会了语言的人类甚至不会通过叫声来吸引异性，表达爱意。男人完全退化，女人则演变成性行为中表达欢悦的方式之一，而且其中还有不少善意的谎言。

当然，关于这个我觉得退化也没什么问题。不然每逢春暖花开，男女老少处处“呐喊”，着实不甚雅观。尤其再遇着个熟人、领导之类，我们总不能上前用“您也喊来着呢？”这样的话来寒暄吧。或许这可能也是人类能够步入文明的前提之一。真不愧是付出就有回报，我们放弃了原始而狂热的示爱方式，就可以理直气壮地将爱情打造成区别于其他动物单纯的交配行为，而成为人类至高的情感种类。

总体来说，人类的爱情活动远远要比其他动物冷静而且可控制得多。择偶的标准也复杂得多。一般动物的择偶标准很简单，强壮或者健康，健康强壮意味着获得更优良的基因、更优良的后代，就这么简单。人类则在除去外表以外，还要衡量对方的学识、财产、品位、出身、工作等。这也是人类常常引以为豪的特征，这在人类看来就是爱情不是交配的最大明证之一。不过，这个其实也是经不起推敲的，因为事实上这些所谓更为复杂的标准是由人类异常复杂的社会所决定。你眯上眼，站远了去看这些标准，其实都可以用一个共性来总结——更好的素质。无论是学识还是财富，这些优良的条件也意味着这个人具有更强的基因和抚养后代的能力。转了一圈，我们又回到了动物们的视点上了。

但是，由于条件过于复杂，人类的“择偶学”既无统一标准，也没有正确答案。等到别的动物早就开始鱼水之欢了，人类这边依然在打着“需要了解”的伟大旗号，继续着互相猜心思的爱情游戏，直到双方达成友好的一致性，才开始谈婚论嫁，再经历漫长的磨合期，一边讨价还价一边寸步不让，折腾完还要举办繁杂而隆重的“仪式”。我们强大的思考能力，给这个原本单纯的繁衍行为注入了越来越多的精神成分。不管你喜不喜欢这一切，你都得遵守。这就是人的世界。能够这样，全依赖于我们对于自己欲望的操控能力。除了人类，没有动物可以操控忍耐来自“性”的诱惑。控制性欲，这其实在生物界极其特殊，而且生殖意义的下降，使其具有的其他层次的意义得到提升则更是绝无仅有。

不过，您也别急着为人类的高度文明沾沾自喜，实际上，人类同时也是唯一懂得实施非生殖目的性行为的动物。而将交配行为上升为伟大爱情的同一个大脑，也创造出了五花八门的性活动和性幻想。病虐程度和多样性也同样是其他动物所望尘莫及的。显然，我们必须清楚地认识到，尽管“性行为”作为人类的特征出现时，因为人类大脑的进化和生理结构的变化，性行为不再仅仅作为生殖意义出现。但是，这不意味着“性行为”成为人类特有情感“爱情”的独占绝对高地，它产生了另一种可能，即追求单纯而绝对的欢悦。

明白了这一点，你才有可能去理解为什么人类社会一方面拥有其他种群无法与之媲美的爱情行为，同时又制造了诸多病态的性文化。因为，显然人类身体的进化对生殖行为所造成的影响是双向的，而非单向的。关于萌生出爱情这一伟大情感，我们的确值得骄傲。但是，为追求欢悦而进行的性行为，甚至可以说单纯地利用了人体所拥有的生物功能。动物交配尚是为了种族繁衍，而人类大部分的交配行为和方式仅仅只是追求感官享乐，到底哪一方更为文明开化一些呢？好吧，我得承认，有些东西剖析太深刻就会让人难以承受。

沟通的发达带来了嗅觉对于性荷尔蒙感知的退化，大脑的发达和人类社会关系的复杂化和文明化带来了包括发情期和一系列的关于生殖特征的变化。然而，人类依然在进步，人类的爱情形式还会遭受什么样的突变和进化呢？暂时我们还无法窥视出可疑的端倪，但是有一点是可以肯定的，进化依然在继续，我们的爱情观和繁衍特征不会永恒不变。那么也就是说，尽管今天，我们对于爱情的描述和追求显得如此伟大，但是终究有一天，我们的子孙可能也开始变得无法理解我们这个时代的爱情定义，就像今天我们无法理解其他动物缺乏精神依恋的单纯的生殖行为一样。

那么，除了原始的欲望和进化下的产物，我们的爱情究竟还剩下些什么呢？你会不会有一种被上帝玩弄了的感觉？不过，很遗憾的是，这种思想探索不是科学界的特长，但是科学的研究发展使得这些问题凸现出来，我们不得不重新审视我们作为人类所拥有的一切，重新审视人之特性和动物特性的临界点，并且祈祷功能退化了的高级情感类型——爱情，不会只是人类这个时期的意淫或者是某个进化过程中的过渡品而已。

4 身体的王者

有没有人思考过这个问题，我们的身体里谁才是真正的王者？

我所说的王者，就是地位上的绝对性的第一。其实可供选择的选项并不算多，因为我们很快就会得出普遍一致的候选项——心脏或者脑。然而，当范围缩小到这两个器官的时候，问题就不再那么好解答了。你会迟疑，究竟哪个才是真正的王者。你所迟疑的理由可能很模糊，但是实际上不管你自以为是什么理由让你犹豫，终极的原因都只有一个——无论这两个器官哪一个的功能衰竭都能够引起你死亡。所以，那感觉就像你仿佛担心一旦选择了一个称为王者，另一个就会愤愤不平而拒绝工作，从而带给你致命的结果一样，不敢轻易下结论。

大部分人会选择脑。特别是那些具有一定医学常识的人们，他们懂得脑指挥并且控制着几乎身体所有的机能正常运作，甚至也包括心跳。那么，显然脑是比心脏高一级的管理机构，且在此之上再无领导。而且脑不仅控制着身体功能的正常化，更重要的是它也控制着我们的思想、情感。我们之所以是我们，也正依赖着大脑提供着思想、意识。所以，有时候，甚至大脑就是我们自己本身。然而如果你的医学常识能够更加深厚一点的话，你就会知道，大脑之所以能够运转，是因为心脏能够及时地为其提供足够的血液，维持脑细胞的健康。大脑缺血就意味着大量的脑细胞死亡，从而引发大脑的死亡。所以，从这个角度上来看，心脏也是维系脑部“存活”的供应者，也可以说，心脏才是脑部的领导。更别说，只要维持心跳呼吸的那一部分脑干不死亡，即使大脑宣布离开人世，人类依然可以借助现代化的机器继续生存。虽然尽失动物特性，成为植物状态，但是生命依然继续，因为他的心脏还在工作，生命迹象并不会完全消失。

脑死状态究竟算不算死亡，一直以来都是各国的一个备受争议的话题。之所以成了相持不下的议题，一部分原因就是人们始终对于大脑的地位存在着或多或少的偏袒。多年来，“脑袋死了，人就死了”的惯性认识，在现代科学技术的发展下造成的“脑死人未死”的新状况，开始让我们变得无所适从。这也必然引发对于脑所代表的意义和“地位”的质疑和思考。

被脑控制着的我们，会偏袒脑是很正常的。我们一直默认脑是身体的重中之重，是中心。我们受到伤害会本能地先去保护脑袋，甚至我们观察的中心都是以大脑的位置为准的。如果不信，你可以做一个实验：直立时你所认为的前方是面对的方向，而认为的上方则应该是你头顶所对的方向，而你如果躺下再去思考这个问题呢？原本头顶所对的方向则成了前方。之所以会出现这样的偏差，实际上是因为大脑始终给予我们指令，永远将眼睛看到的方向视为前方。

我们的五官，直接受命于大脑，所有与外界的信息交换都直接上呈大脑，并且从大脑获得指令。从信息的接收到信息的发布，整个一套的流程都在大脑的控制下完成，其他器官成了配合完成这个流程的附属，没有任何器官可以修正或者质疑大脑所思考得出的结论。在缺乏“监督机构”和“共同参与”的情况下，身体的“王朝”就这样平静的和谐共处。然而，科技的发展，让人们开始反思大脑“一手遮天”下所可能被忽视的事实，比如为什么我们感情受到伤害时，伤心而非伤脑，心痛而非脑痛；为什么移植了他人的心脏，却能获得不同的性格呢？显然，大脑无法回答这些质问。这是个神奇的现象，如果真的存在，它意味着什么呢？于是，现在，关于心脏记忆以及其所代表的意义正被部分科学家研究着。尽管尚未突破，但是可以说明和大脑相比，心脏也没有那么简单。

然而这远远不是我们在被大脑“垄断”意志之后唯一的秘密。事实上，一些让人震惊的秘密正在逐渐被揭开。大脑的运作是由一个个形态特殊的脑细胞通过电流信号完成的，庞大而复杂的信息从身体各部以电流信号带动化学物质的形式被传送至脑细胞，然后再转化为可供人类理解的信息。而人类本身并不懂得如何识别这些原始数据，因为那是由大脑来识别的“密码”组成的。正如你懂得操作电脑，却不见得懂得操作 DOS 甚至更原始的电脑命令一样。不过不同的是，人与大脑的关系，却是被大脑操作着。提供给大脑的原始数据究竟是什么，有没有遗漏，有没有隐瞒，我们无从知晓。

如果这样的推断在你看来过于疑神疑鬼，那么下边所说的大概是你一定验证过的。你一定看过原本就是作为脑研究的错视图。一张画面，却可看到 2 种以上不同的图像。你一定觉得这很有趣。是的，这不错。但是你有没有反思过，为什么我们只能同时看到一种图像呢？因为我们的大脑控制并且操作我们的视觉信息收集，集中在某一些点的同时，忽视另一些是大脑的一贯做法。所以，尽管我们可以看到不同，却永远不能同时看到。那么，也就是说，大脑可以控制我们的视觉神经让我们只关注可以形成逻辑性整体的一部分图像。那么，在我们的生活之中呢？我们看到的，就真的是眼前的全部么？

一个著名的故事，据说当年哥伦布发现新大陆的时候，印第安人根本没有看到哥伦布的航船，直到哥伦布的航船停靠在岸，他们的眼前才突然出现了一个庞然大物。因为他们从来没有见过，大脑很自然地将这种从来没有出现过的物体给“屏蔽”了。当然，我并不相信这个故事，因为实在是太诡异了。但是却也根本找不到什么理由来驳倒它，因为我也不了解大脑的能力有多大，能不能做到这个程度。但是，这背后所提出的对于大脑认知存在着的推断却是可以相信的。

我们看到的，听到的，感受到的，并不是全部的。这像极了恐怖片里的对白，你感到阵阵寒意了么？不过，这也就是我们通过尚未成熟的科学可以去推测出的人体真实。如果这是真的，那么大脑为什么要这么做呢？只是为了让我们更能够集中意志于那些重要的信息么？大脑是以什么标准来进行筛选和屏蔽的呢？

不过，这些不是通过我们苦苦思索就能够得到的答案。这也就是为什么有如此多的科学家们致力于研究大脑的构造和运作方式，因为我们对于支配着我们几乎所有行为、思考的这台“超智能机器”还一无所知。当然，作为一般人的你我，面对这篇文章中所讲述到的理论，只要产生了兴趣，感到了视野的开阔足矣。犯不着妄图挣脱大脑的局限和控制，或者质问“大脑”自私的行为。那样，让你变得精神不正常还倒是个小事，让大脑“寒了心”，宣布罢工，它可是能要了你的命的。当然，这只是跟你开的一个玩笑。

5 生命的方程式

这个世界最难回答的问题通常是最基本的概念问题。就像让你举出几个整数对你来说很简单，但是如果问你什么是整数，你未必还能记得清楚。

我们还可以找到很多这样的例子。比如什么是生，什么又是死，而什么又代表了你？对于生死的思考，对于自我的界定，这个从来都是哲学家们热衷思考的问题。且依然没有找到合理的答案。那么，如果是以理性、冷静、客观的科学视角来看待这些问题呢？答案是同样的模糊不清。

中国民俗之一，虚算年龄。那比一般我们公认的年龄大一岁，称为虚岁。而这多出的一年，实际上是将人在娘胎里的一年算在了里边，这是因为我们的先人认为即使你未出生，但却也是活着的，也是一个单独的生命体，所以这一年理应算进你的生命之中。看来，我们的祖先有时候远比我们更客观严谨，可即使如此，我们依然无法准确地界定出我们的人生的“生”的开端是从受精的一瞬间开始的，还是从胚胎期开始的，又或者依然是从人出生落地的第一声哭声开始的？生命从什么时候开始就是我们自己的了呢？

其实对于这个问题的束手无策，源自我们对于生命体的概念不清。这个概念性的问题同样是个难解之谜。一般生物学对于生物的定义是，具有繁殖子代能力且能够自我摄取营养的有机体。然而，这个看似滴水不漏的定义，在病毒被发现之后开始变得模糊而暧昧。病毒，一种具有遗传基因却无法单独生存获取能量的类生物。

相似的问题也存在于人的胚胎，在来自母方的卵子和来自父方的精子相结合之后的 3 天里，受精卵就可以完成细胞融合，成为具有独立遗传基因的细胞体。而这样一个小小的具有独立基因特征的受精卵，它此时算是生命么？虽然“寄生”于母亲的体内，但是它拥有一半不属于母亲的基因，当然同时它也不同于父亲。而且甚至不用发育分化到胚胎期，我们就可以通过分子生物学的技术手段来判断它的性别。性别，是我们生命中第一个区分他人的标签。让我们想象一下这个画面，假设我们收集了许多人类的受精卵，它们看上去就像是一般的细胞一样，但是它们却有着各自的性别，尽管我们不知道哪些最终会变成帅哥或者美女，也不知道哪些成为了社会的精英，哪些又会变成彻头彻尾的混蛋，但是我们必须承认，它们不再是单纯的细胞群，而是一个个有着性别区分的生命体了。但是，如果你现在就将它扼杀，它不会感到痛苦，更不会哀求、哭泣、恐慌，或者做出任何逃避的行为。因为它还没有分化出任何神经系统。可是，作为扼杀者，杀死一个人类的受精卵和杀死一个人有区别么？如果没有，那么在发育和分化进行的更完整的阶段进行的人工流产手术将必定成为人类历史上最残忍和最大规模的屠杀行为。如果和杀人有区别，那这区别又是什么呢？

这些几乎就是我们对于生命开端的混乱理解的大致感受了，显然我们的科学和人文思考分析能力都还不能驾驭这样的问题。我们何时成为我们自己，一个独立的生命体出现的时间只能还是一个未知数 X。

放下这些关于生的复杂问题，让我们换换脑子，先去看看关于“死”的问题。老子说过“不知生，安知死”。此言不假，对于生命开端理解混乱的我们而言，对于死亡更加一无所知。不光我们不知道死之后的世界是什么，甚至和对于生的时间界定一样，我们同样不确定何时为死。在我们一般定义下的死亡之时，“死亡者”身体的大部分细胞还没有死亡，它们会慢慢地在之后的数小时到数十小时里逐渐死去，而那时“死者”可能已经下葬入土了。

有人会说，单个细胞的存活不能代表拥有者的生命。也许吧，这就像我们的身体每天都有各种细胞的死亡和出生，我们却并不受其影响。但是荒谬的是，这些单个的出生与死亡都与我们的生死无关的细胞们如果真的全部死亡了，显然我们也就死亡了。当然，你可以说，我们不能仅仅把视角放在细胞级别，因为细胞的大量死亡首先带来的是器官和组织的死亡。我们应该着眼于组织和器官级别来看“死亡”这个问题。这种说法的结论也就是说当身体所有的器官组织无法再完成身体基本的生命活动了即为死亡。那么脑死者呢？虽然他丧失了大部分的知觉和神经控制能力，但是心跳依然，呼吸依然，血液循环依然。可是他永远不会醒来了。那么，他是活着还是死去了呢？

又或者还有一种很人文的看法，即一个人的精神世界完全死亡了就算是死亡了。的确，人类之所以是人类，正是因为有着健康和充满生机的精神世界，没有了精神世界，我们无疑只是行尸走肉一般。这个说法倒是解决了脑死的矛盾问题，但是帕金森病征以及其他精神疾病的患者呢？曾经谈笑风生的他，如今沉默不言，双手颤抖，行动不便，忘记了你是谁，忘记了自己是谁，忘记了发生过的一切，他还算是拥有自己的精神世界么？那么，这算不算活着？

显然，我们依然无法思考出准确的答案。死亡的时间和界定终究也只是另一个未知数 Y 而已。我们只知道有那么一天我们获得了生命，然后成长、学习、快乐、悲伤、成功、失败、成家、立业，完成一连串的人生活动。终有一天，我们越来越衰弱，越来越孤独，被他人淡忘，被人类社会淡忘，最终被自己淡忘，然后我们躺在病床上，床头写着号码和病征名称。最可笑的是，照料我们最后生命的医生和护士，会用这些号码和病征来区分我们——“今天，37 床的癌症病人情况怎么样？”“15 床的心脏病病人该换药了？”

你看，原来这些可恶的可能最终剥夺我们生命的疾病却成了我们最后区分他人的标签。此刻的我们，除此之外别无其他，无论你曾经是一个社会的精英或者是一个彻头彻尾的混蛋，都在等待着同一个方向。像最初我们还是胚胎时那样，混沌而简单着。或许就像谁说过的那样，人生乃是一个轮回。

不知从何处何时而来，也不知何时该往何处去。当然，这些或许不那么重要，可能大部分时候，我们没有意识到有关生与死的问题。对这个问题想得太多，就会变得悲观。生命很美好正是在于它是盲目和不自知的，而对于更多的一些人来说，他们可能最需要知道的是另一个问题的答案，在我们充满了未知的生命里用生的开端未知数 X 减去死亡的终结未知数 Y 得出的那个答案是什么。

X−Y= 人生。

6 秘密的守护者

如果你有一份十分重要的文件，你将如何保护它呢？特别是这份文件注定要不停地传播给需要阅读的人的时候。如何保证文件不被窃取和篡改？聪明的你很快就会想到一个通行的方法——用带有密码的装置锁起来。是的，这的确是个好办法，很大程度地确保了文件的保密性。这就像是一把锁，把那些秘密给锁在了安全的室内。然而，如果装置的密码被窃取了呢？撬开了锁，文件本身依然是毫无隐蔽性可言的。于是，索性将文件本身全部用一个只有特定人士才能辨认的语言来书写。这样打开秘密的大门看到的文件将是无数个小型的“锁”。能打开所有锁的钥匙，藏在特定人士的脑海里。这也就是为什么这个世界上有这么多种类的密码文字的原因了。

但是，大多数人可能并没有想到一个问题，密码文字本身存在着巨大的漏洞。那就是，它必须有一定的规律性。如果没有规律，便没有人能够掌握。但是如果有了规律，便可以被破解，无论它有多复杂。人类一直在努力创造更为完美的密码文字，以防止轻易被恶意人士所破解。但是，始终有人能够突破密码文字本身存在的始终遵循着某种规律排列的漏洞。

其实有一个简单的办法可以做到。那就是把文件分开，混在不同的房间里，用同样复杂的密码语言来书写。可以读取文件的人不知道文件在什么地方，也不能开启，而可以开启真正存有文件的房间的却是无法读取文件的人。在这样的保全系统下，不仅想要窃取任何文件都是难以实现的，并且密码的规律性成为了局部特征，不再是整体特征，也就降低了这种特性所造成的漏洞。更重要的是，文件越大越安全，因为这意味着你需要破解更多的装载了被切割的文件的房间才能获得完整的文件，并且有能力打开每一部分的“锁”，还要破解其中的密码语言。

有没有人想到这样高度保密的系统我不知道，但我知道有一个地方在使用——我们的身体。我们每一个人的身体里都有这样复杂但是绝对安全的“文件”保护系统。这个系统就存在于我们身体的每一个细胞之中，它确保了人体遗传基因的正确表达和不可篡改性。这个系统的安全性之高，使人们至今无法完成通过人工手段完全复制出任何 100% 相同的人体细胞。

或许你不敢相信，但是这就是事实。尽管人类在遗传学以及细胞工程学上有了突飞猛进的发展，甚至破解读取了所有的人类基因组，而这复杂又琐碎“文件分割”管理，让人们依然无法真正模仿制造完全相同的细胞。这也就是为什么克隆技术、人工干细胞技术始终不敢前行于临床阶段的重要原因之一。因为这些看似相同的人工细胞，却在基因保护的“安全系统”上存在着差异，而这细微的差异则给人工细胞带来了致命的安全隐患——老化，或者变异。

这个就是被称作甲基化（Methylation）的重要生物化学反应，成为生物尤其是哺乳类动物最可靠的密码守护者，确保着每一个细胞的基本特性保持不变，同时正确地将遗传信息传达给子代，而同时也阻碍着人类真正攻破生命遗传秘密的最后一道防线。而到 20 世纪 80 年代，甲基化的重要作用才开始被科学界注意，而真正被人们当作最为难以模仿和修改的基因遗传和表达的修饰特性，才是近年来的事情。因为人们发现即使读解并且模仿出具有相同程度的基因表达组合的细胞，依然无法使其稳定，真正的原因就是这些人工制造的细胞，要么有着过多敞开着的“文件室”，要么有着过多紧闭着的“文件室”。负责读取的“密码破解者”完全被这混乱的局面所迷惑，使人工细胞在不同程度的培养之后，均显现出异常的问题。

就像一部冒险电影一样，人类想要找到并且控制那些拥有管理“文件房间”的守护者并且破解其中的文件，的确是一件庞大而复杂的工程。所以，如果你对这个领域足够了解，你就会发现，研究这个领域的科学家们简直就是过着侦探一般的生活，熬红了双眼，兴奋地想对全世界说又发现了哪一个可能拥有着哪一个房间钥匙的神秘“管理者”。而这个“福尔摩斯”式的猜想，依然在全世界表现遗传学（Epigenetics）研究范围内进行着。

是的，我们的身体远比我们的科技来的高明，如果要我给生物学写一句感想的话，那可能是，我们的身体总是用最合理的方法维系着生命活动，而我们却并不了解它。当然，有时候我也会想象，或许在那些企图窥视人类遗传秘密的科学家们痛心疾首一筹莫展的时候，在他们的身体里某一个细胞，那些默默守卫着的秘密守护者们，正在悄悄地打开那些装载着真正“文件”的“房间”，将这些交给负责翻译的“人员”，一切就像身体最早设计时那样准确而稳定。而它的主人穷其一生也无法了解这个自己依赖着的系统究竟是怎么做到的。那是具有怎样讽刺效果的一刻啊！

7 腐朽的政治本能

1963 年，马丁·路德·金在华盛顿林肯纪念堂前，面对 25 万名抗议群众发表了著名的演讲。“I have a dream...”的开头至今被人们熟记。作为美国反抗种族隔离、种族歧视的民权运动领袖，他一生奋斗的目标其实十分简单：让美国黑人像美国白人一样拥有自由，不被歧视。面对这一段历史，我很想知道的是，为什么美国黑人会遭到不公和歧视？

准备翻开厚重历史学著作和社会学著作的朋友们稍安勿躁，我的意思是说为什么是黑人？为什么是美国的黑人？而不是非洲或者其他国家的黑人被美国白人歧视呢？而又是为什么非要歧视黑人，而不是白人类的葡萄牙裔或者任何其他白人后裔？显然面对这些问题，历史书都只不过是解释造成这些问题的环境因素和成为诱因的事件罢了。我想知道的是导致这样有选择性的终极理由是什么？或者说一个国家范围的人群几乎同时选择歧视一个群体的基准是什么呢？

一个动物社会学的试验给了我一些启发。假设一个山谷中居住着两个隶属不同家族集团的血缘相近的猴子家族会产生什么问题呢？首先，肯定不会是永远相安无事，因为它们共享着同一个资源地，并且随着繁殖数量的增加，资源地的资源和空间会引起它们间极大的矛盾。那么，撕斗和争夺是必然的。那么假设同时远处的山坡上也有另外一个猴子家族呢？显然山谷的任何一个猴子家族都不会轻易去和山坡上的猴子家族争夺资源和撕斗。因为它们威胁不到自己嘛，这是很简单的动物社会学原理。但是，如果再加上一个猩猩家族在山谷里会如何呢？结果会演变成这样——两个猴子家族都会把猩猩当作首要打击的对象。为什么呢？因为这种饮食结构相近却和自己不属于同一个种族的动物集团最具有威胁。猴子集团之间尽管隶属不同家族，但是其实是可以混合交配繁殖的，而和猩猩之间则存在着种族隔离。猩猩集团既威胁着自己的资源和空间，又不具有可以保留自己遗传基因的可能性，当然危害深重了。

这和美国的歧视黑人问题有着很根本的相似性。尽管人类在最近一万年内的进化并没有形成有效的种族隔离的亚种，但是显然这种区分血缘的本能依然保留在人类的大脑之中。和动物一样，任何威胁到自己族群资源和空间却习性相似的物种同样会引起人类极大的敌意。尽管人类的种群中也存在着种群隔离，不过不同的是人类具有高度的智商，审查是否属于威胁到自己的“它物种”时会考察更多方面。而在这个时候，人类引以为荣的包括宗教、习俗在内的文化常常充当区别“非我同类”的重要标准。于是，美国白人眼中肤色黝黑、英语发音古怪的黑人又在自己生活的范围内无处不见，让他们产生极大的恐惧感。肤色也好，文化也好，其实说到底都是源自于本能的呼唤——为了保持自我种族的生存环境和血脉纯粹。

讨厌他们的面孔，不能理解他们的宗教，看不懂他们的文字，很难说得清楚究竟是什么理由充当了一次民族冲突和种族主义的导火索。惨无人道的屠杀，寸步不让的隔离，联合国里那些争端不断的口水仗，仔细想想有多少问题本质就是种族问题？而种族问题又有多少就是源自动物的种群保护本能？这么想下去真得很可怕，我们创造了如此伟大的世界，却被和猴子们相似的本能左右着国家的统治。我们人类到底有多文明呢？

开始质疑人类的政治体制了么？上边说的不过是冰山一角。比如我们选取元首的制度，尽管人类已经文明到通过民主进行选举，人手一票的形式显得如此公平，但是舞台上的竞选者们依然是有着必然的条件的，他们无不是有着光彩夺目的背景的“精英”，即使是号称民主进程最完善的美国也不会有一贫如洗或者非名校出身的竞选者。的确，他们都是身处人类集团的富裕阶层的精英群体，可他们竞选的口号不是为普通民众解决他们最需要的事情么？那么，完成人民的请愿和这些背景有什么必然联系呢？终极的政治需要的应该不是智慧和学历，而是在社会上积攒的经验和对于人民意愿的了解，不是么？所以，为什么这些显赫的背景却成为竞选的必要资格？为什么人类无法跳出精英民主的圈子呢？

是不是依然和许多动物家族一样，最强壮的才能成为家族的王者？而我们与其的区别只是前者考查的是体能，我们考查的是学历和资本吗？真得感谢那些伟大的动物学家们，让我们了解了动物王国的自然规则和本能表现，不然我们还欣欣然地以为精英民主、精英文化是我们人类独创的文明里程碑呢？

其实，我无意批判人类政治中的被动物性本能所带来的问题。因为既然是本能，便是难以逾越的。但是，更让我觉得需要思考的是，相对于生物进化史，在人类还不算漫长的文明史里，包含了或者说促成了多少人类区别于动物的进化呢？尽管我们可以使用语言，有着复杂的思维，并且创造出了不断发展的社会，不断复杂的技术，人类本身究竟抛弃了多少动物的特性呢？而文明本身对于人类的进化究竟有没有影响呢？很遗憾的是，我们无法找到合理的观察手段。因为我们根本无法区分进化的产物和文明之间的区别。

正是无法区分这二者，所以我们不知道是因为我们不断进化而促使了我们的文明的不断完善，还是我们的文明积累促使了我们进化的脚步朝着一个稳定的方向前进着。“当局者迷”，我们习惯于将自身隔离于动物之外，隔离于自然界之外，我们对于自身的进化印象依然停留在区分人类和类人猿的节点上，那之后的人类进化成了一个在进行中的谜。没有人去观察去思考，因为人们置身于人群中，看到的永远是人类一次又一次有意或者偶然的进步，而这进步在人类看来永远是人类自身文明的积累，与进化无关。

可我们可以通过一些变化去设想，为什么人们开始奉行并且坚持一夫一妻制，尽管之前多妻制曾数千年存在于人类历史；也没有人解释得了，为什么在贩运奴隶鼎盛的时代，黑人喊不出“I have a dream”的口号。这些现象的背后难道都不曾混合着最自然的力量——来自进化的驱动力么？尽管这些观点可能过于超前，毕竟缺乏证据。但是，如果把这当作一个思考和认识人类社会进程和发展的方法，我相信，我们可能会更了解我们人类自身变化的源泉和前行的方向。

可怜的人类，不要再抱怨政治了，你感到那些制度造成了不公，说不定正说明你体内所蓄积的生命进化在完成从量变到质变的过程，而在那之前，你还得忍受他们犹如猴子们一样腐朽的政治本能，但是你开始意识到人类进化的概念，或许那是一个值得期待的希望。衰败的终将被淘汰，而新生的终将会爆发。这个也是对于人类的自然选择。

8 奢侈的生命

这个星球上最奢侈的物种是什么？人类。

对于这个答案，几乎不会有人心存异议。人类庞大而密集的群体数量，不仅需要大量种类丰富的食物，而且还要居有房，行有车，还会想要旅行、享受、消费、玩乐。没有任何一个物种有着如此花样百出的欲望。当然，我不是要批判这个。因为作为人类的一员，我深刻地理解人类对于这其中的任何一个欲望的渴望。我更想知道的是，为什么只有人类会如此？

因为作为一个生物物种的一员，事实上我们能够给自己足够的能量维系生命，传宗接代，这就已经完成所有的生命意义。无数的其他物种都是如此存活在这个星球上的。我们并没有必要住大房子，开高级轿车，吃珍奇美味。你面对这个问题，可能会回答那是因为我们并不只是需要生存，我们还需要生活。这是一个很好的答案。我们高度发达的大脑经历了亿万年的进化之后，是其他低级物种所不能够相提并论的。所以，我们的生命体的需求也就更为复杂、多样、众多。但是这一切需求归结为一个定义就是来自于人类对于生活的需求。

所以，当人类第一次在漆黑的森林里烤着火堆，觉悟出人生不仅需要生存，还需要类似于此时温暖而轻松的时间、快乐的交流、各种情感交织下的幸福感的时候，一个全新的概念就孕育而生了——生活。为了拥有这种叫作“生活”的时刻，我们必须减少我们用于生存的时间。悟出了这个道理之后，人类就开始在追求理想生活的道路上一路狂奔，而且一旦生存的危机不足够大的时候，人们就会把所有的注意力转向对生活的巨大兴趣上。为了更好更舒适地生活，人类离开森林，或者干脆砍伐森林，驱赶一切对其有威胁的动植物，种植作物，建造城市形成社会，安定下来发展技术。于是，就成了我们现在的样子。

这么看来，生活，才是人类最伟大的发明，因为其他一切进步，都是建立在生活之上的。从生存到生活，一字之差所带来的变化和问题，是人类所不曾想象过的。更多的人在思考人类生命所带来的影响的时候，都会想到近代工业文明给地球环境以及生命物种所带来的致命威胁，实际上，人类历史上每一次迁移和开发都会引起大量的环境问题和生态问题。这绝非近代才有的特例。而且，生活所带来的影响，绝非仅仅是对于地球生态环境的影响。生态环境之外，还有更多的可供我们深思的问题。

首先，生活给我们带来了文化和艺术。尚还没有任何一个物种被证明具有这种能力。除了我们发达的大脑之外，拥有不仅仅是为了生存的生活也是主要原因。因为，我们再也不必像其他物种那样忙于躲避天敌的追捕和寻找猎物，这才有可能滋养出需要用心体会和欣赏的文化以及艺术。而另一方面，文化和艺术的出现，又坚定了人们追求生活的决心和意志。因为这很美好，大脑的发达不仅能够给人类提供高智慧，同时也向人类索取滋养它的“精神食粮”。这也是文化和艺术产生的根本原因。翻开历史书，你会发现人类的发展史、文化和艺术，这些远离生存的事物在人类的社会中占有的比重是随着人类社会形态的成熟而逐渐加大的。人类越发达，社会越稳定，人类就越关心生活，而非生存，文化和艺术也就越被人们所关心。

对于加大生活比重的渴望，使人类希望对于生存问题付出的代价能够尽量减少。这促成了人类社会的分工概念、货币的形成、科学的进步以及文化和艺术的进一步发展。人类对于想要生活的渴望和文化艺术的发展相互依存，互相促进。你用生物学的视角去看人类，就会发现人类的文明史简直就是一部如何脱离一般生物生存模式的突变史。生存的意识被放低了，人类才能真正意义上开始人类而非动物的命运。从此之后，人类便开始批判一切过于专注于对接近动物性的需求上的追求。在人类看来，那样的人生都是低等的，缺少意义的。这很大意义上促使了人类精神世界和意识形态的转变。

人类开始将精力放在追求更多用于满足内心而非身体的东西。这使得人类最终成了今天这个模样。那些奢靡的城市，繁华的街景，层出不穷的电子产品，哪一个不是为了取悦人类虚荣的内心呢？同样作为人类中的一员，我了解这给人类世界带来了什么，我也同样喜欢人类世界的这纸醉金迷的一切。让我回到山洞里过衣暖食足的生活我同样也受不了。“由简入奢易，由奢入简难”，显然，我们都回不去那个围着火堆、享受温暖的欢乐时光的时代了。但是，可以肯定的是，那个时候所萌发出的梦想和愿望，我们却一直坚持着追求了下去。所以，“人是最有耐心的动物。”这句话说得真的没错。

而同时，觉悟了生活的概念并且立誓追求到底的人类，开始傲慢起来，环顾世界，从没有一个物种可以像人类这样。人类将生活至上的心态发挥到了去理解整个生物界，人类不仅厌恶缺少追求生活的同类，同样也开始鄙视那些“为饥饿而撕咬，为生存而死亡”的其他所有的生物们。懂不懂得生活成为人类衡量人性和动物性的区别标准。也因此，人类根本无法在自己与其他生物中找到共通性，即使我们的生命活动和它们当中的许多都如此相似。人类已经习惯了重视“生活”，忽视“生存”。在人类看来，我懂得“生活”，而你们只懂得“生存”，而这个才是最重要的。所以，人类从内心深处从此便再也不能以一种平等的姿态去看待这个世界上生存着的万物了。于是，否认自己是动物的一种，凌驾于自然界之上的想法自然是人类傲慢心理的体现，但是去保护、饲养、拯救其他生物的行动，又何尝不是将自己摆在了万物之主近乎神明一般的位置上呢？这几乎就是人类这个物种共通的最大的潜意识了。

这也几乎是今天所有生态不平衡的最终极的原因了，生态圈不是不能承受有着高智商和巨大数量的人类的存在，而是无法承受拥有如此之多生存之外的需求的人类。“生活”的出现，带来了生态圈致命的崩溃。这当然是当初畅想能够更多地拥有“美好时刻”的人类们所无法预料的，甚至今天的人类也无法反省自我到如此彻底。在人类看来，这一切如此美好，如此和谐，至于自然，至于生态，至于那些可怜的小动物们，我们终将通过我们从未失败的科技去挽救和改善，人类对此深信不疑。当然，你仔细去想想就会知道，实际上最终的目的，却依然为了支撑人类内心深处那个奢侈的幻梦。

9 虚幻的道德圣殿

常被人类拿来当作区别于其他动物的引以为荣的诸多特征之中，十分显著的就是人类的道德观念。在人类看来，这几乎是人性中主要的组成部分。因为拥有了道德心，所以人类不至于沦为为了生存撕咬的禽兽。对待亲情，对待友情，对待爱情，甚至是对待陌生人，人类都有着清楚的道德标准。这些标准或通过圣人著作，或通过宗教的夸张演绎，铸成了高耸于人类历史长河中的道德圣殿。然而古老的东西却不见得经得起推敲。

比如这样的一个实验很能说明一些问题。假设，一个犯罪团伙有 2 个囚徒同时被逮捕。警察提出了这样的条件：如果 2 个人都不自首，2 人各判 2 年徒刑；如果 1 人自首，那么可以减刑至 1 年，而另一个将获罪 15 年；如果两人都自首，可减刑至 10 年。那么，被隔离起来单独获得这些信息的 2 个人会如何作答呢？我们可以看到，最简单而且符合双方共同利益的选择应该是都选择沉默，这样原本需要受到 15 年牢狱之苦的罪名只需要 2 年就可结束，并且不影响集团关系和共同利益。但是，如果选择将对方供出，自己就可再减 1 年，对于个人来说，这才是最佳的选择。当然，我们很可能会顾及一个问题——道德。尽管这两个人都是罪犯，用道德这个词语有些不妥，但是对于他们之间来说，不供出对方就是一种道德上的互相保护。可是，一个问题在于，假设对方供出自己，那么自己的沉默不仅没有换回更少的刑期，却因为对方的自首，自己的顽抗导致面临 15 年的牢狱之苦。这是赤裸裸的切身利益问题，独处一室的囚犯，很快就会怀疑对方。他们无法交流并且达成一致性，猜忌对方是必然的心理活动。那么，一个最稳妥的办法就是，在对方下手之前供出对方。

于是，最可能的结果就是最终两个人都将获刑 10 年。这个实验的名字叫做囚徒困境（Prisoner's dilemma）。这个实验非常有名，经常被经济学界引用来探讨关于利益冲突下的最佳战略问题。同时这个游戏也被动物社会学所关注，因为它揭示了一个很重要的问题——利己性。利己性，是生物界最普通的特征。每一种生物都是利己的。无需置疑，我们为自己的生命而活着。克林顿·理查德·道金斯（Clinton Richard Dawkins）在 1976 年提出了利己的遗传基因存在的可能性。该假说认为包括人类在内，生物所有活动的终极目的都是利己的。这是一个非常有争议的说法，这相当于否定了人类的所有道德观。道德成了人类为了掩饰虚伪的、和动物无异的自私的面具。那么，人类所谓的文明世界还能够真实可见么?

当然，此假说一面世，便遭到了社会各界的批判，没有人愿意相信这个假说会成立。的确，这样全盘否定道德，用利己性解释一切的说法并不具有足够的证据可以证明此假说成立。但是问题在于，反对和谴责者也缺乏证据推翻对方。因为这个问题实在复杂，要知道去分析整个人类的活动，并且给出一个总结性的概括简直无从下手。

不过，对于人类来说，可能利己还是利他，都不是绝对性的。我们再回过头去看看那个囚犯的实验，我们可以看出一些蛛丝马迹。如果实验中选择的后果不是坐牢这么严重，而是小小的处罚会怎样呢？人们还会轻易地背叛伙伴么？我想应该不会。因为即使我们被对方出卖，或者因为沉默而受到惩罚也没关系，因为那不会导致太严重的结果。这个道理很简单，谁都不会为了一根“棒棒糖”而出卖原则。当我们获得的利益不大、受到的损失不重的时候，都可以不利己。相反，如果面临生死关头，生命受到威胁，我们每个人的求生欲望都会变成最大的目的。那么，我们还能坚持多少原则，坚持什么原则就很是个问题了。

所以，尽管利己遗传基因到底给予人类多少影响我们虽然无法推定，但是可以肯定的是，人类并非完全利己，但是也决不会完全利他。这个结论多少让批判利己遗传基因说法的人们松了一口气，但是这并不足以能够保全人类自豪的“道德圣殿”。因为如果我的这个推论正确，那么意味着人类并不具有绝对的道德观念。至少可以说，人类遵守规则，帮助他人，尊老爱幼，都是在一定的条件下才能够做到的事情。当自己的生命受到挑战，这些东西可能会在利己的本能下被抛弃。

当然，我讨论这个问题，并无意非要证明人类是虚伪的，或者道德是虚幻的。我只是想说，人类尽管进化的十分高能，但是并不能真正意义上抛弃动物本能，而道德也可能并不是我们想得那么回事。但是还有一个问题，动物本能是什么呢？保护自己，保护自己的基因。事实上，动物们存在利己性本能的目的是保护这个物种的繁衍，实际上也可以说终极目的却又可以说是利他的，至少保护自己的行为是为了整个种族的。存在这种区别只是所关注的角度不同，实际上最终目的偏差的并不多。人类创造的道德观念，是为了使这个世界上每一个人都能够健康、自由、平等地生活，而动物性的利己本能则是为了保护种族的数量和繁衍。你是否看出了这两者之间在本质上的相似之处？或者说，我们去看待动物社会学特性时，应该把视线放在什么位置呢？是专注于个体还是应该专注于群体？是的，有些东西你剖开来看，就不是原本的模样了。

那么，说到底，我们的道德规范还在不在？我们究竟是和野蛮的禽兽无异，还是文明的高等生物？这些问题可能永远也没有确切的答案了。因为，我们无论是“自私自利”还是“舍己为人”，可能最终指向的都是同一个终极目的——保护我们的种群。如果说非要问一下，人类为什么可以接受舍己为人的道德观，无法接受和其他动物一样的只顾自己、不管其他的理由，那么，我想只可能是因为人类的社会发展太过超前，我们作为一个种群的本能被这种社会性的群居形式所消弱，所以，保持一定的利他性，或者说道德观，有利于这种形式的群居状态下种群的安定。

你看，凡是涉及人类，无论是什么问题，你总是很难给出一个完美的唯一答案，这恰恰也是令科学家们头痛的问题。不过，或许有些问题寻求单纯答案本身就是错误的。所以，你一定要知道，人类的道德和人类作为动物所表现出的本能之间的区别和联系这样的问题，就像进入了一个没有出口的迷宫，可能它被设置出来本身就是荒谬的。

10 我们这场睡了26年的觉

有一件事情在我们不算充裕的人生之中，占据了 26 年的时间。不是工作，更不是你热爱的某项爱好，而是在我们看来最缺少人生价值的睡觉。当然，你不可能一次完成，你会在贯穿你整个人生中以每天 6-8 个小时的时间逐渐完成。拆开来看睡觉的时间的确不再那么可怕，而从另一个意义上来说，我们应当明白一个道理，“积少成多”的效果都是惊人的。

那么，这个不经意间就耗费了我们大把人生最宝贵的东西——时间的这项“活动”究竟具有什么意义呢？其实，这不是一个很难回答的问题，任何体验过彻夜不眠的人都明白睡觉可以带来什么——休息。这个世界上没有可以一直不休息的机器，同样也没有可以一直不休息的人。尽管人体这台特殊而复杂的“机器”不能彻底拔下电源关机，但是同样需要一个类似于电脑待机状态的“准关机时间”。于是，上帝善解人意地给人类设置了睡觉的功能。

不过，尽管是上帝善意的礼物，但是爱问问题的人类“子民”们依然想知道一个问题，为什么要通过这样一种无意识的状态来进行休息呢？难道我们躺在床上一动不动的放松着不能代替睡觉么？答案是当然不能，我们忘记了我们身体里最重要的一个部分——大脑。无论你如何放松，你的大脑都依然是在工作着的。且不说即使你身体放松的时候，大脑依然会保持思考，而且对于周边环境的各种变化，大脑依然会维持最基本的反应和警觉。那么，显然，你的大脑并没有办法在意识清醒的状态下完成休息。

实际上睡觉这一生理活动的意义也绝非只是休息这么简单。你的身体需要固定的时间进行固定的活动。而其中一些活动需要你的身体保持在一种不亢奋并且稳定的状态下进行。比如修补记忆，检查神经元的连接状态，当然还有完成最重要的代谢。这些事情都十分“识时务”地选择了在睡觉的时候进行。不过，人类直到 20 世纪 90 年代才确定认识到了这些“工作”是在睡觉时完成的。于是，我们这场旷日持久的睡觉行为，获得了越来越多的存在意义。我们也终于懂得了我们躺在床上度过的这 26 年并不能算是一种浪费。

但是，也别觉得你真的可以傲慢地对待睡觉这件事。实际上，对于很多人来说，睡觉也不是你想睡就能睡的。失眠（insomnia），是一种非常常见的病症。顾名思义，最简单的对于失眠的解释就是 3 个字——睡不着。当然，患者们之间的程度各有不同，周期各有不同，爆发的间隔也各有不同。而最最重要的是，造成失眠的原因也不同。有些单纯是因为病理性疼痛造成的难以入睡，有些则是因为呼吸道、消化道，或者是脑部疾病这些迫使大脑无法进入睡眠周期的原因。除去疾病引起的失眠，睡眠的环境、温湿度、噪声等外部影响也会造成突发性的失眠症状。而最常被人们谈论的失眠症，是被称作心因性失眠症的类型。造成这种失眠的原因通常来自于情绪、精神压力等等。所以，我们常常看到影视作品中有着一双国宝眼的主人公语调沮丧地对着镜头说：“我失眠了。”那意味着暗示观众他正遭受着几乎无法承受的精神打击。你看，大脑一旦处于兴奋状态，它就会忘记休息。这远比我们对待工作的态度高尚多了。

于是，你发现睡觉也不是那么容易的了吧？是的，虽然睡眠是上帝的礼物，人类的本能，但是想要入睡也是有着其必要条件和要求的。因为大脑进入“待机”状态是逐步完成的。大脑需要彻底地确认身体做好了进入睡眠状态的准备，并一步步减缓大脑的“运转”速度，这么做的原因是让整个身体能够同调进入状态，而且不至于会让你没有“反悔”的余地——当你想再次恢复工作状态的情况。而且还有一条，睡眠一旦形成就需要你好好地去睡，而不是马上苏醒。这是可以理解的，因为睡眠是一个需要一定时间的活动，这样才能实现睡眠的作用。这也就是为什么你无法控制自己睡上 3 分钟，然后立刻醒来。事实上，睡眠的机制就像一个存在于你身体的固定程序，你的睡意、醒来，都被大脑通过化学物质按照一定规律控制着，以保证大约 24 小时一次的睡眠周期。

正是因为我们体内具有一个如此稳定的日周期的生物钟（Circadian rhythm），我们很多生理反应才与之保持着联系。比如我们的内分泌，我们的内分泌几乎直接被睡眠的生物钟所掌控，前文也说到，我们身体的各种荷尔蒙的分泌时间与睡眠有着极大的关系。所以，睡眠的不规律直接会导致生物钟的紊乱，继而给人体的分泌和代谢造成影响。生物钟的混乱也是造成失眠的一个重要原因。另外，我们的体温，甚至食欲也都在一定程度上和生物钟保持着固定的联系。

那么，你一定想到了一个有趣的问题，我们的生物钟是如何保持恒定 24 小时的周期的呢？当然是光线和温度。我们的身体内部早就保留着对于地球环境的规律的“数据”，我们体内的生物钟就是根据每天感受到第一束太阳光线的时间，以及最终进入黑夜的时间和气温的变化等因素不断修正我们的生物钟的，这使得我们即使偶尔认为破坏了这个规矩——比如熬夜，那么，很快我们的生物钟也可以在接下来的几天里根据太阳的光线和温度变化，将生物钟修正过来，以保持你的睡眠，当然还有你的其他的那些共同周期性变化的生理能够恢复正常的周期。想想看，这是多么伟大的人体结构啊。

这也就给我们提示了一个治疗失眠的好办法，即调整你的生物钟。据研究，每天清晨打开窗户让一缕阳光洒在你的脸上，可以有效地帮助你从朦胧的睡意中醒来，并且还会提高你一天的工作效率，甚至有助于你之后的休息。道理很简单，大脑完成了它对于生物钟的校对和调节。

当然，讨论了这么多关于睡觉的问题，回过头来不得不承认，我们依然对于 26 年这样的一个庞大的数字感到很介意。虽然对于我们的身体很重要，但是谁也不想浪费这么多美好的人生在睡觉这件事情上啊！难道就没有办法让人类少睡一点么？对于这个问题，一些人已经考虑过并且制定了各种措施。比如，日本一本畅销书叫作《只睡 5 个小时的健康人生》。该文作者认为人们通过修改入睡时间、锻炼和一些“训练”可以做到每天只睡 5 个小时而不会影响健康和精力。其中的一些理论，就是对于生物钟的人为修整。虽然能否成功未可知，但是依然吸引了大量的读者购买阅读，可见人们对于睡眠占去的时间的“深恶痛绝”。

甚至，也有一部分人提出能否通过科学研究，彻底让人类摆脱睡眠的束缚。这个问题现在还很难说，至少在我们找到能够取代睡眠完成大脑休息和新陈代谢的好办法之前，我们还必须忍受生物钟定时给我们不断制造困意的现状。当然，其实我觉得也不光是生理需要本身这么简单。如果我们没了睡觉这个最天然的休息理由之后，我们在漫漫长夜里能做点什么呢？也许这能够让人生显得更充足一些，但是我们也多了整整 26 年的夜晚的寂寞，不是么？

11 颤抖的内心

恐惧是一个在动物界很普遍的心理现象，并非人类专有。这是动物感知外部危险时的本能反应——做好应战或者逃跑的身体准备。但是人类复杂的大脑将恐惧上升到了一个其他物种望尘莫及的水准。人类丰富的思考水准，以及大脑的认知解析能力，都让恐惧本身成为一个多样的，并随着年龄和经历不断变化的心理现象。

你害怕什么？鬼怪？尸体？密闭的空间？甚至是楼梯、镜子、人群？人类的恐惧不再像其他动物那样单纯地因为外界刺激而产生的条件反射，而是建立在回忆、经历，甚至是想象之上的。恐惧的对象通常是某些特定的物体、场所，可能是单个，也可能是多种叠加的。而当面对特定恐惧对象的时候，恐惧者所表现出的异常，是其他无此恐惧症的人所难以理解的。是的，恐惧作为一种病症出现的时候，几乎已无法再单纯地作为一种群体特征来理解了。因为它的背后是如此的多样化。

尽管我们了解恐惧产生的源头，正如前文所叙，那来自动物的本能。但是我们并不了解人类分化出这些五花八门的恐惧症的病因，至少我们找不到生物学上的理由。它也没有必然的遗传特性，很多研究显示的结果是，父母代具有的恐惧症状和子代的恐惧症状甚至完全不同，或者父母代根本没有恐惧症的表现，而子代却可能患有严重的某种恐惧症。现今治疗恐惧症的方法主要是心理治疗和精神分析。而会选择治疗的通常都是患有重度恐惧症的人，事实上，恐惧症普遍存在于人群之中。有些恐惧症由于恐惧的对象特殊、单一，并不被人们所重视。

比如，我个人就有弹性恐惧症。你肯定没有听过这个名字，至少根据我个人调查的结果，几乎找不到相似的病例。我恐惧的东西主要是气球、健身房的弹力健身球，还有一些含有弹簧的物品。我相信你一定也不能理解我为什么恐惧这些东西。这是个很难传达给你的感觉，我就是受不了这些东西，我无法想象或者看到气球被吹起或者挤压的样子，那会给我制造出巨大的紧张感来。甚至，我现在在叙述这件事的时候，双手都是颤抖着并且不停地冒着冷汗的。我的天啊，让我们换个话题吧！

就像这样，在人类社会中一种恐惧症，就是一部分人的噩梦和大部分人的莫名其妙。而作为一种心理疾病，人们一直在通过心理治疗探索恐惧症的奥秘。得出的结论只能是遵循着弗洛伊德的体系追问童年遭遇和被抑制在“本我”人格之下的潜意识。那么对恐惧症的治疗依然只是停留在个体精神问题层面，依然无法回答人类特殊而多样的恐惧症的构成原因。而且部分特殊的恐惧症，比如飞机恐惧症，患者第一次乘坐飞机的年龄可能早已超过了儿童时期，如果依然按照童年创伤，“本我”的潜在欲望的压抑下造成的原因去分析治疗，似乎有些牵强。不可否认，弗洛伊德的精神分析理论对于人类潜意识的构成和影响之间的关系的研究的确十分正确。但是正如弗洛伊德本人对于“本我”的创建来自于原始欲望的判断一样，我相信，人类所具有的本能都通过了潜意识被附加在了人类的精神世界中，而这些本能当然不应该只有欲望一种，也应该包括恐惧等其他来自于远古动物保留下来的本能特性。

所以，应当有这样一种可能，即像我们的原始欲望一样，我们身上所具有的为了躲避危险而存在的原始恐惧，在我们的大脑不断发育和认知不断提高的同时，被隐藏在我们的内心，通过面对各种事物时的感受来表现出了不同的形式。在探讨呈现出多样化的人类恐惧症的同时，我们必须清楚地意识到一个问题，即人类和其他动物一样，是具有恐惧共通性的。比如，面对突发的灾难，谁敢拍着胸脯说自己能“泰山崩于前而面不改色”？而另一方面，人类具有更具思维能力的大脑，人类可以通过想象和推理去预测危险，比如一个倾斜的大楼，即使还没“崩”，恐怕你也“面已改色”。因为你通过经验推理预测认为那是危险的，从而调动出了你的恐惧本能。

人类习惯于依赖大脑的思考来判断环境的危险程度，但是人类社会不断发展，人类生活环境也在不断地革新和变化着。这在给我们带来便利和舒适的同时，也给我们带来更多陌生的事物和环境。没有 50 层的高楼，人类就无法轻易获得站在如此高的地方窥视的机会，恐高症的爆发概率估计也不会高；没有人口密集的城市和越来越狭小的空间，也不会产生密闭空间恐惧症。同理，让你回到古代，肮脏的城镇、不经掩饰的屠宰现场，可能会让你萌生出肮脏恐惧症、血液恐惧症之类的病症来；而让古人来到现代，奔驰而过的汽车、咆哮的轮船也会把古人吓得“胆颤”。由此可见，我们恐惧的事物和我们对于该事物的推断结果有着直接的联系。而遭遇陌生的、无法预知的事物时，我们的大脑就无法准确预测结果，这就非常容易引起我们的恐惧心理。不见得一定遭遇过什么创伤，更不一定非是童年的经历。

而作为对这件引起我们恐惧心理的事物的经验总结，我们的大脑会采取最原始的特性总结策略，将这件陌生事物的外部特征进行归纳，在之后遭遇类似特性的东西时，就会一概列入到相同的恐惧“名单”中。我想，这就是原始的恐惧症的因素积累了。就像我害怕气球，也会害怕和气球相似的其他具有弹性的球体一样。所以，恐惧就是对于无法理解和掌控的事物的一种本能表现。而人类发达而复杂的社会和生活环境赋予恐惧更多样化的特征，我们的创造力和原始本能显然不是在一个“起跑线”上。理智可以让我们容纳这个世界的一切创造，而内心的原始本能却不时地质疑着这些事物的合理性和安全性。所以，你不能否认，高速的社会发展是促使这些稀奇古怪的恐惧症产生的温床。我们的内心是矛盾而复杂的，当我们对于具有某项特性的事物的恐惧不断积累，并且无法用认知和理性疏导自己情绪的时候，我们只能无奈地宣告，我害怕这些！而当害怕的情绪始终没有找到可以消除的理由的话，它只能加重，尤其经过你丰富的联想反复加工之后尤其如此。

于是，像人类多彩的世界一样，生活在同一个世界的我们恐惧着不同的事物。随着人类科技的发展和社会继续变革，更多的层出不穷的新事物会不会让后来的人产生更多稀奇古怪的恐惧症呢？这个答案暂时还没有人知道。你看，探讨这件事最有趣的地方就在于，我们一边在创造着这个世界，一边也在恐惧着这个世界。

12 下载你的想法

人类世界有些事情想来很具有讽刺意义。比如我们可以发明高速计算并且能够处理复杂问题的电脑，却对我们大脑的运作几乎一无所知。一些科学家们正在绞尽脑汁钻研大脑的秘密，而另一些科学家面对神奇并且伟大的人类大脑想到的却是另一些问题。他们很务实，也很讨巧，他们放弃去钻研为什么我们能够思考，为什么我们不需要存储条就可以拥有贯穿一生的记忆储存能力这样的难解之题。他们跳过了这些基础问题，只想用电脑连接人脑，实现和人体的联机、和大脑的对话。

我可不是在告诉你什么未来时代的新奇幻想，这是美国加州理工大学脑神经研究部门正在尝试和研究的内容。他们不是精神错乱的科学狂人，企图用这样的技术毁灭世界。他们是为一群特殊的人而研究这项技术的。有一种病叫做肌肉萎缩性侧索硬化（Amyotrophic Lateral Sclerosis, ALS），身患这种疾病的人大脑会因为神经元受到的损伤，而逐渐失去控制自己四肢的能力，目前尚未有可以治疗此病的有效措施。当然还有那些因为其他原因损伤了脊椎导致高位截瘫的人们，首先他们的生活就面临着十分巨大的困难。目前如果没有人照顾他们，他们的生活根本无法自理，当然也无法躲避突然而至的危险。但是，他们的共同点也很突出，他们大脑的思维没有任何问题。要知道，著名的物理学家霍金也患有肌萎缩侧索硬化（ALS）症。这就是说尽管大脑的命令无法传达下去，但是大脑本身的能力并没有问题。于是，科学家们十分自然地想到了解决这个问题最直接的办法，用机器代替不听使唤的身体来接受大脑的命令。

显然，这个大胆的设想面对着许多问题。首先，如何连接大脑的神经元细胞，并且如何将大脑的“语言”转化为电脑可以识别的语言，继而转化为命令传达给负责接受命令的替代身体的机械们。关于大脑的神经元细胞的电流活性的研究，人类大概在100年以前就已经通过实验知道了。所以埋入微型电极来感知这些神经元的电流活动区域，足以了解一个人简单的思考活动。转化语言和命令机械很重要，因为即使可以读取大脑中的命令，却让你在想伸出左臂时，错误地抬起了右腿的话，显然也是毫无意义的。不过目前，转化语言、控制机械的技术也随着近10年来电脑技术和人工智能学的进步而取得了显著的突破。可以相信，那些无法控制自己身体的患者们，很快就可以利用这个最先进的技术来获得正常的生活了。

然而，按照人类举一反三的思考习惯和永无止境的技术追求癖好，这项技术的突破自然引起了更多的科学家们的注意。很快，他们就决定开发读取更复杂的人类大脑信息。这意味着如果成功，你可以像下载网络数据一样下载你大脑里的信息。当然，普通人无法接受插满一脑门的电极，那看起来毫不时尚，相信我。如果是可有可无的东西，人们总是希望尽量不要打扰到他们的正常生活和习惯。这成了目前研究最大的瓶颈，毕竟人的脑袋上没有USB插口。

在你想要怪罪上帝设计人类缺乏前瞻性之前，我还得告诉你，即使有USB插口也无法破解你大脑里复杂的信息。像类似“抬起腿”“走路”这样的指令，我们现在对于大脑信号的了解还足以使电脑破解出来。但是，像“今天天气很好，我的心情却很郁闷”这样复杂的信息，人类大脑活动的区域就会复杂起来，因为这不仅涉及语言中枢周围的区域，也可能会引起回忆、思考、反应区域的活性化。而同样的这句话，在不同人的不同经历下可能会产生极大的差异，这对于尚且只能够认识简单指令传达的大脑信号的电脑来说无疑是不可能完成的任务。如果想要攻破这些复杂的大脑意识信息，至少需要做到两点：第一，对大脑有更彻底的了解，人类必须破解大脑运行的所有秘密才能确定人类的意识从何而来；第二，电脑的能力也需要大幅度提高，也就是说，电脑要犹如人脑那样灵活，要具备较强的判断和分析能力，否则是无法正确解读人类的真正想法的。

但是，一旦实现，好处将是立竿见影的。首先，交流障碍可能会最大程度的消除。虽然世界上有这么多国家和民族，但是人类大脑的结构并无区别。尽管我们还不知道大脑产生复杂思维的具体机制，但可以肯定的是那必然是人类共通的机制。这就是说一台可以读取人类大脑思维的电脑应该可以读取任何民族任何人的大脑信息。那么，语言不再成为障碍，你讨厌的外语将不再被像今天这般被重视了。我们可以利用这个技术充分了解不使用同一语言的任何人的想法，而且绝无偏差。而且，效率也是惊人的。电脑会客观并且迅速地反映出你每一个想法，不再需要冗长地解释，无聊地寒暄，你可以将你最重要的信息第一时间被人看到。当然，如果加上网络通信，我相信，那简直是一个大脑的全球信息化时代！

不过聪明的你一定也看到这一切可能带来的问题，只要你连接上那个可以读取你大脑的机器，我们将不再有秘密可言。你不可能将一些想法隐蔽起来，因为你除了隐藏在大脑里，找不到更安全一些的地方了，而如今，被读取的恰恰是你的大脑。想象一下吧，当你利用这个机器和公司的高层进行远程交流，你的大脑信息传达给对方的是“我很赞同您的方案设计。”同时传达过去的可能还有“我实在太讨厌这个家伙的衬衫了。”在我们利用语言进行交流的时候，我们显然会筛选掉其中让对方感到不舒服的想法和那些不合时宜的真实。

我们将因为这个机器的出现，比任何时期都更加诚实，绝对的诚实。交流障碍消除了，同时圆滑的交际也消失了。我们的确不会遗漏和曲解对方的意思了，但是同时也知道了那些本不会告诉我们的想法。会导致这样严重的后果，你一定觉得并不会真的有人去实现它。那我只能说你太低估科学家们的勇气了，也太高估被利益驱使的投资者们的道德心了。这项技术一旦成熟，就会像一切具有暴利同时也具有风险的技术一样，他们会声称一切都在掌握之中，然后肆无忌惮地开发。这样的“开发套路”我们见得难道还少么?

很显然，这样的技术一旦推广，必定引起行业结构上的大换血，一些传统的行业被取代是显而易见的，同时，和人工智能、网络通信相关的产业则会再次获得飞跃式的成长。但是，商品化的“读心机”是一个无比吸引眼球的东西。于是，抗议和质疑的声音终将会在商人们脸上充满自信的笑容和信誓旦旦的安全性介绍下被淹没，而在重金包装下的高科技商品依然会出现在市场上，并且被不曾考虑过后果的民众们所追捧。

不知道到那时，还有没有人能记起这伟大的技术，最初只不过是为了那些身患无法控制身体疾病的患者们所设计的。

13 男人在左，女人在右

在正文开始之前，我必须得说，我太喜欢这个题目了。因为相当恶俗，有一股娱乐畅销书的味道。不过，我用这个题目可不是为了探讨男女心理，而是要讨论一个十分厚重而复杂的科学问题。如果你被题目欺骗了，我只能说声抱歉了。

那么，是什么复杂的问题呢？男与女区分问题。你笑了吗？你大概会觉得这并没有什么，全世界有 60 亿人，没有一个不知道怎样区分男女的。但是，你思考过这个问题么，为什么只有男女两性？而不是 3 种、4 种，或者 12 846 种，而偏偏只有两种呢？现在这个问题就不是 60 亿人里每一个人都能够回答的了的。没关系，为了更好地理解，我们可以用排除法来思考这个问题。

首先，肯定不会是 12 846 种，因为过多的遗传差异会削弱一个种族的力量，最终也只能导致种族分化，想要维系这么多种类却又要隶属同一种族的性别，是无法生存的。同时这也导出了另一个必要条件，即必定是偶数，不然无法完成有性生殖。两种性别的人结合，还有一种只能当“电灯泡”？太凄惨了吧。那么，剩下的问题就很好解释了，生物种族为了最大程度上保护自己种族的稳定性和基因的传递性，那么最小的偶数无疑是最好的选择，既可以完成有性生殖的基因交替性，又可以避免因配偶种族类过多导致的种族分化问题。

如果我们从分子的角度去看两性区分，就可以了解生物的这种倾向。

众所周知，性染色体只有两个：X，Y。XX 代表女性，XY 代表男性。也就是说，事实上只有 Y 才是真正区分两性的性染色体。有 Y 就是男性，只有 X 就是女性。生物体最大程度上抑制性染色体的占有比例，也是为了最大程度上减少发生最致命的性别特征的变异。所以，只有男人和女人的世界是有着很深思考的。当然，我们也得看到尽管这样的特征设计帮助生物体最大程度上减少由于过多的性染色体加大变异机率，但是“能量”过于集中的性染色体一旦产生问题，则是十分严重的。比如人类的著名遗传疾病克兰费尔特综合征（Klinefelter syndrome）。这种病仅仅是因为性染色体中多了一个 X 染色体，即 XXY。这种病会造成性腺发育不良，两性畸形会造成明显性别模糊等严重后果。

我们可以由此看出仅有的性染色体的威力。而且，就是这个“X”和“Y”的区别，却足以使男人和女人产生如此巨大的差异。不仅是生理上的，也是心理上的。有人说，男人和女人简直是两种生物。虽然这种说法不正确，但是，是的，男人和女人就是非常不同。不过，实际上，他们除了这一个染色体的区别之外再无其他。在我们感叹造物主的神奇之余，不得不去了解生物体之所以这样设计，只是为了使两性的划分更为明显，他们必须为了种群的繁殖履行各自不同的义务和职责。就像一个完整的物品的两个部分，男人和女人代表了不可替代的两个部分。

但是，我们会很快想到另一个人类社会中的问题，如此严谨和稳定的两性区分结构，为什么人类还会出现同性恋（homosexual）呢？这其实是一个相当让人费解的问题。因为从生物学的角度来考虑，同性恋的出现意味着是违反自然规律的行为突变。那意味着将无法完成生育和繁殖种群的任务。但是，据欧美调查的数据显示，具有同性恋倾向的人口在总人口中占 2%–13% 的比例。所以，同性恋还是一个比较普遍的现象。而且，一个错误认识是，通常人们认为同性恋是人类专属的行为，其实据动物学家研究，大约有 500 种以上的动物被观测到过类似同性恋倾向的行为。也就是说，同性恋在有性繁殖的其他动物物种里也普遍存在。

那么，就是说在同样被划分在严格执行两性分别的许多动物族群中，存在着一定程度的性的指向是非异性的比例。产生这种情况的原因还不清楚，至少从生物学角度去分析，我们无法从同性恋人身上找到任何异于普通人的地方。但是，可以肯定的是，大部分的同性恋人士对于来自异性的性吸引力感知能力低下。尽管同性恋问题普遍存在于动物种群，并且人类历史上从古至今关于同性恋的记载也很多，但是真正成为世界关注的话题还是近些年的事情。一时间，同性恋人群就好像突然从我们的世界里冒了出来一样。以至于有些人认为这个时代的同性恋比例明显比其他时代多。并由此推断认为，现代常常使用的某些化学物品可能是导致人们产生同性恋倾向的罪魁祸首。事实上，同性恋人士和正常性取向的人类不存在区别，也没有出现病变的生理结构。化学品“变异”说自然站不住脚。首先觉得同性恋人数上升本身就是一种错觉。之所以会产生这种感觉，是因为人类文化中，对于同性恋问题向来都是十分保守甚至是排斥的。随着社会进步，人类意识的开放和同性恋人群的抗议和斗争使人们开始重视和探讨同性恋相关问题。同时这也使得有同性恋倾向的人们勇于承认自己的性取向了。这才使得人们感觉同性恋的人数上升了。

但是，为什么会产生同性恋心理，依然是一个谜。既然不能从生理方面找到区别，那么很多专家就开始从精神分析上入手了。一部分的研究认为，同性恋倾向的心理可能与童年时期与父母的关系有关。童年对于父母的角色认定的混乱和错位可能是诱导同性恋心理产生的主要原因。不过，这显然无法解释所有同性恋人群心理的形成。可作为一个动物界普遍存在的现象，这样的分析靠谱吗？那些存在同性恋倾向的动物们难道也是因为童年和父母的关系？倒不是说同性恋者中不存在这种原因造成的性取向改变，但是，我觉得这可能恰恰是一个个别原因。如果你仔细分析同性恋者，就会发现其实同性恋者中也有着各种区分。比如讨厌自己性别的同性恋者，他们的情感世界、平时行为、思考方式也都倾向于异性者。有些人则完全看不出任何同性恋的行为倾向。还有一部分人属于双性恋，以及一部分人原本是正常性取向中途却出现了同性恋心理的情况，或者原本是同性恋者中途却恢复了正常性取向的情况也经常发生。这些细微的区别和变化又该作何解释呢？虽然连同动物界一起去考虑，那个具有共性的原因现在还无法找到，但是我个人认为，这些存在着细微区别的同性恋人群中，还有着一种可能是，即一部分的同性恋者所表现出的不稳定性说明了他们可能只是出于好奇、暂时的性心理混乱，或者是被同性恋文化中的某些因素所吸引。要知道，这个时代给予同性恋者们的不仅仅是尊重和自由，也造就了特有的文化传播。一部分人可能会因此被吸引，或者质疑自己的性取向。

不过，不管同性恋是什么原因造成的，它都真实存在于这个世界中。当然，只要人类的基因不会出现严重的变异，同性恋始终只能是一个小众现象。正如前文所讲的那样，我们的身体被严格规定在固定的状态下，特别是性，这是一个关系整个种群的大问题。大部分的人被性荷尔蒙分泌物影响和控制着。这让我们以及我们的子孙依然保持着近乎“非白即黑”一般显著的男女区分。这种区分也正是一般遗传基因和生殖物质的有性繁殖的好处，让我们可以更快寻找到另一半，完成我们生命中最重要的一次圆满。

14 母亲的抉择

无疑，母亲是伟大的。这是人类社会普遍认同的伦理观。事实上，我们可以通过女性孕育一个生命的过程中经历的种种艰辛，以及婴儿出生之后需付出的精力上轻易理解这个观点所指。

但是，从生物学角度去观察生育现象，却存在着诸多疑点。首先就是为何女性需要为繁殖负担如此之重？尽管在人类文明发展通过父亲负担经济等方面掩饰了这一不平等的现象，但是从生物角度依然无法解释这一现象存在的原因。毕竟金钱和家庭的概念属于人类独有，而雌性独自孕育子代则是动物界的普遍现象。

解释这个问题，比较可信的一个角度是有性生殖的设计“用心”。有性生殖的优点在于，使生殖变得更安全、更优化。各自携带一半基因，这加大了生物在生殖上的自由选择，但是也带来了必须由一方负责孕育子代这个问题（不可能为了公平而交替孕育，这样加大了子代死亡的危险性）。而雄性尽管看起来如此轻松，但是雄性也为这种轻松付出了相应的代价。正如之前第一篇中所描述的那样，从雄性的生殖细胞开始，雄性注定了一生都要面对着竞争的局面，只有证明自己是最强壮（或最优秀）的才能从同性的竞争对手中脱颖而出，获得和雌性交配的机会。这样的法则普遍适用于动物界，包括人类，鲜有例外。同时，雄性的身体通常也较之雌性更“脆弱”，尽管看起来更强壮，但通常雄性的寿命都低于雌性。这就像电影中配角总是先消失一样。雌性动物为了生育付出了更多艰辛，势必也得拥有更强的生命力。

于是，拥有更强生命力的雌性就这样成为了担负一个物种繁衍生息的责任管理者。“故天降大任于斯人也，必先劳其筋骨，饿其体肤”看来这句话果真是真理，因为担任了繁衍大任的雌性在孕育生命的过程是充满着各种风险，甚至是痛苦的。可我们可能会产生这样一个疑问，既然生育作为一种生物特性而存在，为什么无法通过进化而产生适应，使生育过程不再存在各种妊娠反应以及分娩痛苦呢？

当你意识到这个问题时，你可能就要做好颠覆你伦理观下母子关系的印象了。事实上，在生物学角度上去观察孕育的过程，你会注意到这样一个现象，母体和胎盘中的子代的关系并非是单纯的互利，而是存在着一定抵抗关系的。我们可以通过一些孕育期母体内化学物质的变化了解这一点。

首先是妊娠反应。包括恶心和呕吐在内的一系列妊娠反应是因为母体大脑对于血流中存在的毒素以及外侵物质反应的敏感度加强了。也就是说面对同样的毒素，平时成人无须如此警惕性地提醒自己，而现在则反应强烈。这是因为腹中发育的胎儿脆弱的身体对这样微弱浓度的毒素很可能会无法承受。妊娠反应保护了胎儿，但是却削弱了母体摄取营养和能量的能力。这样的机制显然不是互利的，而是单纯维护胎儿一方的机制。胎儿甚至会通过调节母体内的各项化学物质来保证自己更健康的存活。

同时，伟大的“母亲”的身体也存在着极其“冷血”的机制。这种机制会在怀孕初期测试胚胎的健康程度，如果发现胎儿存在着明显的遗传缺陷，这种保护机制会果断释放化学物质迫使该胚胎流产。这种机制被称为适应性选择（adaptive selectivity）。它存在的目的就是促使母体最大程度地在生育上的“收益”。这样的设计保护了母体的利益，而流产对于一个子代来说就意味着死亡。尽管这种天然发生的流产并不为母亲主观意志所左右。

以上的两个例子都可以充分证明孕育过程中，母子在生理的关系上并非只是互利的。事实上，在孕育过程中还有诸多类似的相互作用发生。可以说，作为母亲来说，胎儿对她来说除了是保护的对象，同时也是她不断在“审查”的对象；而对于胎儿来说，可能依存于母体的意义也存在着“不择手段”的一面。乔治·威廉斯在他的著作《谁是造物主》中对于这一问题的解释是，生物体设计上存在着缺陷。我并不这么认为，虽然这些设计无法顾全母与子双方的“利益”，但是它却选择保护了最需要保护的部分，牺牲存在缺陷的胎儿固然残忍，迫使母亲剧烈地妊娠反应以保护自己不被侵害固然有些“自私”，但是它们都是本着保护最重要的部分而牺牲相对次要的一方的利益去设计，这都是站在一个种群的宏观高度而存在的生理机制。保护脆弱的健康婴儿，放弃存在缺陷的胎儿，最终得利的是整个种群的健康繁衍。这也是为什么这样的机能能够在进化的道路上未被抛弃，始终存在。

如果说这些设计真的有什么问题的话，那可能依然是因为这多多少少地颠覆了我们固有的对于母子关系的印象。无私的母爱，依恋母亲的可爱的孩子，无论怎么看这都是充满着温情的画面，至少是不该存在任何损害关系的。正是这种固有的印象，让即使是身为科学家的乔治·威廉斯也宁可认为这种“自私”“算计”的功能是一种缺陷，而不愿意承认它们存在的合理性。

该如何理解生命的结构和机能，这个议题在近代科学出现以来从未停止过讨论。大部分的生物学结论都是对人类自我认知具有颠覆性的。本文所讨论的生殖现象问题尤其靠近最敏感的中心。毫无疑问，伦理概念的形成早于科学文明，科学的结论却又证明了从生物产生开始就存在于生命体内的真实，这注定是彼此矛盾的两种认知角度。因此，理解生命的真实需要我们抛弃固有的认知观念，你必须理解生命之所以可以繁衍生息，是从不断激烈的竞争和各种残酷的环境中走过来的。活下去，就是生命自身所有的意义所在。被文明包裹着的人类，或许可以暂时远离赤裸裸的生存真相，但在我们的体内，这种“本我”始终存在并会继续存在下去。

所以，纵使拥有所有动物中最为紧密的母子关系和最为浓厚的母子感情的人类，也不得不承认生命从最始之初就充满着近乎残忍的挣扎与淘汰。这当然不是说让我们摧毁人类所构建的感情纽带，但是一旦把人类的伦理观甚至道德观和科学结论放在一起的时候，多少都会让前者显得有些幼稚和天真。但是，也不必过于纠结于此，当前的办法只有一个，在我们不讨论科学的时候，睁一只眼闭一只眼，该怎么活继续怎么活吧。

这个世界上并没有什么东西不会老去。生命犹是如此。对于生命个体来说，老既说明了你拥有过许多生命经历，也说明了你剩下的生命越来越少。老给人两种印象：一种是衰亡，一种是成熟。这其实并没有什么矛盾的地方，因为，或许衰亡就是成熟的代价。

1 留不住的青春

其实我一直觉得人类的医学水平始终没有解决那些能让人大喊痛快的人体问题：比如强壮到百病不可侵蚀；比如任意更改自己不如意的部位和器官；比如不必死；比如不会老。其实说起这个，我觉得如果说关于人的生命最为残酷的一件事，不是会生病，会死去，而是失去青春渐渐变老。生也一瞬，死也一瞬，唯有衰老缓慢而从不停止。如果当年立于川上看滚滚东去河水的是我而不是孔子的话，感叹的可能是“衰者如斯夫，不舍昼夜”。

每一个人，18 岁的春天都只有一次，春景年年相似，生命的年轮却永远地只能向前雕刻，绝不会回头。所以，在某种意义上，我们应该理解如秦皇汉武者，不厌其烦地寻找长生不老药的耐心了。人的需求和妄想都是相似的。当年我看电影《泰坦尼克号》的时候，真正让我触动的并不是那个浪漫的爱情故事，而是那个在露西等待杰克用画笔诠释自己时，美丽的眼睛瞬间变成了布满皱纹暗淡无神的老妇人的眼睛的蒙太奇镜头。一次穿越了 80 年的蒙太奇，让我们领略了衰老的力量。

想要知道怎么不老，首先得知道为什么会老。

关于衰老，人类的科学研究也不遗余力地进行着探索。虽然依然无法单纯地指认“主凶”，但是可以确定的是人类的衰老是从细胞的衰老开始的。这也很容易理解，我们身体基本的组成单位就是细胞。如果他们不衰老，又如何见得皱纹遍布白发生？那么，为什么细胞会衰老呢？

这要从细胞的复制和增殖说起。为了我们能够数十年如一日地正常维系生命活动，我们辛劳而无怨的身体细胞们，不惜在完成各自使命的同时繁育复制下一批“接班人”。然而，细胞的复制虽然严格按照上一代的各项标准准确复制，可是在我们漫长的生命进程中，我们体内的细胞已经更新换代了数十万甚至数亿次，就像复印机复印东西，如果你一直用新复印出来的那张当作下一张的复印样本，最终你复印出的材料颜色会变浅的道理一样，当我们生存了数十年之后，我们体内看似和原本细胞并无差异的细胞们已经产生了微妙的变化。只不过与复印机不同的是，不是颜色变浅，而是衰老。

当然，作为“主人”，你不能准确地感觉到细胞这些微细的变化的临界点。对你来说，衰老的进程需要很多年通过很多细微的观察才能感受到。因为就像前文中所说的那样，我们的衰老是从细胞开始的，通过渺小的细胞衰老反映到人体可观察的程度可能需要很久。而对于你来说，觉察到衰老可能只是你又发现了一丝白发，你上楼梯又多需要了一分钟等等。缓慢的衰老进程，让我们不至于一夜走向夕阳，但是也让我们在人生的几乎一半的时间里饱受逐渐丧失青春和活力的煎熬。同时，衰老也不是同时进行，而是分部位、器官、系统逐渐衰老的。这是由我们不同细胞系统的不同生长周期和特性所决定的，但是毋庸置疑的是，我们身体内的各项生命指标在我们 50 岁的时候将比我们 20 岁的时候平均减弱 40% 左右。就像一部只有 60% 的电量供应的机器，你当然无法完美地维系从前的生命活动了。你还无法体会那将是怎样一种感觉？没关系，过几十年你就会懂得。衰老这件事的另一个特点就是绝对一视同仁，谁都跑不掉。

所以，这也就是为什么每一个人都渴望留住青春，保持不老。从古至今，从各种邪术到各种滋养品，人们企图放慢时间残酷脚步的尝试从未停止过。然而，现代科学研究告诉我们，如果无法改变细胞衰老的现状，任何方法都只能是杯水车薪，依然无法改变妙龄终究成为风烛残年的必然结果。那么，阻止细胞衰老可行么？首先，千百年来人类在延缓衰老上始终效果不佳的原因就在于人类使用的方法，无论是邪术，还是保养，或者进补，都距离阻止细胞衰老的中心问题太远。所以，对症下药才是根本。

那么，有没有直接阻止细胞衰老的方法呢？理论上是可以有办法的。比如寻找到细胞复制时的负责检查的分子构成，强化它们的检查力度。觉得力度不够？那就干脆封存现有的身体细胞或者制造更为接近原始细胞的细胞，当你感受到了岁月的侵蚀，就逐批地更换替代它们。当然，不得不说的是，这样的技术可能会过于复杂，可能会带来更大的问题。那么，还有一个更为简单的办法，如今正风风火火地流行起来的干细胞诱导技术，如果它能成功，就可以带来最年轻的细胞和器官，并且完全符合你的免疫系统。把我们身体衰老的零件逐一更换如何？虽然不能让你一夜白发变朱颜，但是却也能够让你实现长生不老的美好愿望。

可问题的关键在于，并不会真的有人轻易尝试研究这个。显然，如果成功带来的后果是严重的。没有衰老的人类将获得更多的生存机会、更低的死亡率，我们拥挤的地球还有多少空间可以提供给我们？当然作为个人这可能不是需要担心的问题，但是这不是说你就可以安然接受这个未来技术所带来的一切后果了。比如，如果你有一个比你强壮的父亲或者一个比你更漂亮的母亲会不会让你不知所措？这也无所谓？那么如果发现你刚刚爱上的姑娘经调查却是你母亲的闺密的情况呢？哦，这样的局面一定不是你想要看到的。这将会给人类社会和伦理道德带来重大的冲击。

显然，这个人人皆想实现的科学梦想，会给这个世界带来太多的乱子。不过，或者衰老也没那么悲凉，那至少让我们懂得珍惜和怀念青春，或者说正是因为衰老的存在，才使得青春的界定存在意义。衰老也让我们人生有着明显的区分界线，不然你的人生就像一次没有尽头没有中转站的漫漫之旅，你的人生成了一部冗长琐碎的肥皂剧。就像大地的四季变化，春花之灿烂，秋叶之悲壮，谁也很难说清哪一个更美丽一些。或者是彼此成就了对方，会失去的才是可贵的，不是吗？虽然不能青春永驻的现实让照片里的那对俊男美女渐渐成了小老头丑老太，却也让他们在岁月的打磨下，在苍老取代青春的过程中，懂得了相守的珍贵。

2 我们有颗“石器时代”的心

达尔文一直是我十分佩服的科学家。这并不仅仅因为我是生物专业出身的缘故。我常常尝试去理解 150 年前的达尔文究竟如何产生了生物的演变来自于进化的这一理论。这简直是太伟大了，但是更伟大的在于达尔文不仅撰写了我们熟知的《物种起源》(1859)，还撰写了《人类由来》(1871)和《人类与动物表情》(1872)这两本书。这两本书的意义在于，达尔文为我们留下了他尚未思考成熟的最重要的一个问题，即人类的进化问题。

当然，人类是从“猴子”，准确说是类人猿变来的，这是个妇孺皆知的基本演变过程。但是作为高智商的种群，我们的内心世界是否也存在着进化呢？达尔文无法像研究物种起源那样去尝试分析人类的心理在进化过程中的演变轨迹了。因为这无从下手，既缺乏对比的参照物，也缺乏稳定的变化证据。大脑的发达或许可以解释人类为何具有区别于其他物种的复杂内心世界，却不能知道它是如何一步步变得复杂的。

于 20 世纪 70 年代兴起的动物社会学主动承担了达尔文老先生未竟的心愿，从人类社会的形成和动物本能来探讨人类心理进化的轨迹。动物社会学家们认为，人类的心理活动大多来自于本能，而本能行为多半形成于人类社会形成初期阶段。因为那个时候我们人类的生活开始趋于稳定，并且在群居生活的范围下繁衍生息。当时的环境和初级社会所带来的影响塑造了人类的大多数本能。这些本能深藏在人们的内心最深处，并且通过遗传不断地复制给后代。

动物社会学通过很多验证方法证明了人类最早的远古生活，塑造了人类大部分的心理特征，这包括性选择、两性差异、两性关系、个性形成等方面。从远古的狩猎生活中寻找让今天的人们依然困惑不解的内心世界，首先这是一个吸引人的，或者说是一个有趣的解释。这样的解释很大程度上吸引了非专业领域人们的目光。于是，动物社会学的分析结果被人文世界广泛传播，被一般民众津津乐道。男人们的粗线条，好竞争，因为他们在远古时代是担任狩猎这样的角色，所以不由得他们选择细腻，而女人们则因体力和其他生理条件决定了从远古开始就是留守在“洞穴”（家）的首选成员。这样的分析结合现在人类社会的一些特征，让人觉得的确非常易于接受而且也很符合逻辑，这也就是被称为一般心理进化学兴起的缘由。

但是，问题在于这样的解释真的滴水不漏么？我们的身体里真得住着一颗“石器时代”的心么？其实这样的疑问本身就足够引起人们的怀疑，凭什么我们可以在时光流逝的进程中，保证自己的内心始终维系着“石器时代”的特征而毫无变化？自然选择和环境适应性难道对于人类强大的内心世界就如此缺乏效果？如果是，达尔文的进化论恐怕得像牛顿的力学一样，加上“古典”二字了。如果不是，变化的又是什么呢？

我无心全盘推翻动物社会学家们的辛勤科研成果，但是显然这里存在着很大的盲点。首先，科学家们是如何推断远古时代人类社会的特征和生活原貌？即使我们通过几根古老的人类骸骨和当时残留的生存遗迹来推断当时的人类群居生活，但是通过这些并不能恢复人类原始社会的全貌。更不能根据这微细的证据来推断当时人类的心理特征。谁敢肯定狩猎的男人就没有柔情的一面呢？更别说，在缺乏绝对残酷性的环境特征时，任何物种的任何进化和突变都是缓慢的。我们无法得知 1 万年前和 1.2 万年前的人类有什么不同。更无法推断我们的某一个本能是来自于这其中的哪个年代。

而另一个方面，显然本能对于人类内心世界的作用也被动物社会学家们夸大了。本能固然能够维系人类寻找食物、寻找异性伴侣、繁殖生育、躲避灾难、延续自己的生命，但是能解释所有的情感、情绪和思想吗？能解释为什么有人会得忧郁症，有人会自杀，有人会因为伴侣而殉情吗？之所以会出现这样的盲点，首先就是动物社会学家把人类当成一个普通的动物物种单纯化去思考了。人类在数千年，甚至是数万年以来，是在逐渐减少纯生存活动，增加人类特有生活行为的过程。关在笼子里衣食无忧而知足者，存在吗？人类毕竟不是一般的动物，人类社会不断地发展，社会系统不断复杂，所以，每一个人类历史阶段的社会变化都可能重新塑造了人类的内心。

当然，我也很理解动物社会学家会忽视这些去思考。因为人类作为一个如此特殊的动物群体，科学和社会学的界限十分模糊。一个人类的心理现象究竟是个体遭受的社会环境反馈还是正在形成的人类又一个心理进化的突变前沿十分难以把握。不然，我们大可以从近代的例子上去寻找人类心理进化和形成的规律，反推远古。如果我这段分析让你有些不知所云，那么给你一个简单的例子。人类现行的一夫一妻制是文明的作用，还是心理进化后的思想产物？如果你认为是前者，那我告诉你，人类从类人猿时期开始，就并非每一个“家庭”都是多妻或者多夫。随着人类城市规模和系统的每一次完善，人类的一夫一妻现象就会增加。直到近代都市形态彻底形成，一夫一妻制才成为人类共识。即使如此，在部分原始社会形态的地区，依然存在着多妻或者多夫制。你不能否认非一夫一妻制的时期或者地区就是非文明，由此看出人类心理特征的形成与生存环境存在着很大的关系。当然，我承认，社会形态的成熟和居住城市环境的变化并不是唯一促使原因。而如果，你认为是后者造成了一夫一妻制度，那么你又不能否认女权主义的兴起，以及人类间的意识传播带来的影响。因为，当所有人都不去做一件事情的时候，无论你是否真的“进化”出了这个思想，你都不见的有勇气挑战人类共识。

好吧，相信你读到这里已经被这复杂而充满着哲学感的科学分析感到头痛了。但是，对此我和你同样无奈，因为我发现了科学存在的局限性和人类生命里存在的复杂性。不过，有一点让我很欣慰，至少通过思考，我认为人类的心理也是随着时间的进程不断进化的，那也就是说我们思想的宽度也可能随之不断进化着。那么，或许过上数百年或者更久之后，我今天所无法理解，无法解释的人类诸现象，在那时的人类看来已经是轻易可以诠释的了。那么，我这篇文章的作用也可以成为人类心理不断进化的一个佐证。我祈祷未来的人们找到解释这一切的答案。

3 被冷冻的时间

想不想有一天睁开眼，发现已经身处未来百年之后？

如果你真的这么渴望，现行唯一靠谱的方法就是把你冻起来。当然我说的不是把你塞到冰箱里这么简单。显然，这是一个技术活儿，绝不是可以在家中厨房里就可以完成操作的。事实上，你需要被冷冻至零下 190 摄氏度左右才能保证你是被冻起来，而不是被冻死。究竟为什么人被冷冻了可以保证不死，还没有最终的统一说法。只是零下 190 摄氏度，可以保证生物体不发生任何生物学变化。最早发现这一方法的人是因为看到了雪山中不幸被意外冰冻起来的古人的尸体居然神态样貌依然。虽然他们不能复活，但是有心人开始设想如果技术成熟，是否可以用此法将人的生命暂时冷冻。

一个伟大的技术孕育而生——人体冷冻保存（cryo preservation）。你不得不佩服人类的想象力和创造力，从意外被冷冻的尸体想象到延续生命长度，并且做起学问来，这大概也只有人类才能做到。这项技术最大的作用就是让未来的人类解决今天的人类问题，治疗今天无法医治的病症，甚至，完成不死的身体改造（如果未来的人类真的做到的话）。但是，通过研究，人们发现并非把温度降低到零下 190 摄氏度就可以完成冷冻人体的“大业”。人类延续生命活动所需的复杂性身体状态，是仅仅不会发生生物学变化的冷冻躯体所无法提供的。首先就是大脑的问题。大脑无法在缺乏氧气环境的情况下保持机能运转。一旦氧气中断供给超过一定时间以后，大脑将永无法恢复使用。于是，即使你作为一个生物个体已经成了冰柱，并且摆脱了呼吸，你的大脑依然是无法长期离开氧气的。这样，除了维持零下190摄氏度的超低温以外，还需要提供不断供应给大脑的氧气设备。然而不再工作的身体无法完成输送氧气，这样就需要人工迫使血液进行低速循环，将能够维持大脑可以“复活”的氧气带往大脑。

有人为此还专门发明了一套自动化的机器，既可以维持恒温在零下190摄氏度，同时还可以通过施压的物理方式，迫使血液循环。但是我对此机器持有十分的怀疑态度。在零下190摄氏度的人体内，血液是一种什么状态呢？纵使不是凝固状，恐怕也不是仅靠压力就能使其循环这么轻松的吧。所以，建议真的跃跃欲试此法穿越时空的诸位，接受冷冻前，确认一下大脑供氧系统是否真的能够运作。不然，您醒来时看到的可能不是生活在未来时代的美丽又智慧的护士小姐，而可能是叼着烟卷的上帝或者手拿钢叉的地狱使者。

不过，就算是解决了大脑的“呼吸”问题，依然存在着许多可能使“冬眠”变成“永眠”的问题。比如，结晶问题。众所周知，人体的组成中，水占有大约50%以上（成年女子为50%–60%，成年男子为60%–65%）。当人体实施了超低温处理之后，显然体内所含有的水分子将会形成结晶。而这些结晶虽然短期内不会对人体组织造成伤害，但是长时间处于结晶状态的水分子会挤压细胞，从而使细胞变性，脱水，死亡。当然，如果你操作过一般的细胞培养，就会知道如果在细胞液中加入一些冷冻保护物质，可以使结晶现象迟缓，甚至在超低温的速冻情况下，使水分子迅速固体化，这个现象被称为玻璃化（vitrification）。但是，问题在于现在并没有完全不存在毒性的缓冻物质。作用于实验管中的培养细胞尚且可以接受，而使用在冷冻整个人体，且还是期待未来这个人体可以复活的话，显然这些化学物质是不能够使用的。

而另一方面，维持超低温需要使用大量的液态氮等低温物质。而这些物质会逐渐消耗掉，所以就需要不间断的定时定量的补给。且不说费用这样世俗的问题，仅技术方面就存在着极大的问题，谁能够保证在你被冻起来的50年或者100年里，不会出现一次温度的极度变化？

当然，要坚信我们伟大的科学最终会解决这一切让人讨厌的技术障碍！终有一天，冷冻自己会成为一种时尚，我们不选择让上帝决定我们的死亡，我们选择让自己把人生暂停，等待一个更美好的未来。不再会有阴森可怖的墓地，也不再有将我们曾经美丽的躯体化作滚滚浓烟的残忍的火葬场，取而代之的是一个个装满着零下190摄氏度液体的冰床，装载着我们微笑着童颜不改的躯体，然后被安放在专门管理的大楼里。哦，甚至大楼的名字我都能帮你们设想出来，就叫“活死人大楼”。

不过，很简单的一个计算，100年后，地球上至少需要60亿个这样的“冰床”，才足以让每一个现在活着的人受到同样待遇。那究竟需要多少“活死人大楼”呢？什么？不能每一个人都如此？那是你去死？还是我去死？如果不能人人都享有冰冻自己换取未来的权利，一场打着要“冰床”不要“坟墓”的政治运动必然在全球掀起。好吧，或许是我想象力太过丰富，但是你得承认，很大程度上存在着这种可能性。

即便是人类能够妥善处理让谁冬眠让谁死的政治性、社会性问题，现实性的空间问题则是绝对无法轻易回避的。越来越多的“活死人”等待着换取新生的技术。政府会越来越无法承受维护活死人的费用。100年后，不再有任何人认识躺在冰床里的你我，谁也不知道让我们这些爷爷们继续保存着不腐的身体做什么，听我们讲100年前的老故事吗？于是，有一天，可能是公开形式，甚至可能是封在密封的高度机密里，当权者们甚至不需要一把火，只需拔下供应我们冰冻的装置管子，伪装成某种技术失误，我们这些躺在冰床上的活死人们，瞬间就成了真死人了。谁敢保证没人这么干？

不过，就算这一切都是我的杞人忧天。可能冷冻自己的人们真的在一场长长的睡眠之后，睁开眼睛看到一个更美丽的世界。你利用未来的技术获得了更加完美的身体，使自己成功地超越了时间，完成了一次时空旅行，看到了你本不可能看到的世界。可生活在一个没有任何熟人、任何朋友，脑子里装载的都是一个世纪以前的知识思想的你，甚至不知道如何称呼你周围的人们。从人类文明中最具有普遍共识的伦理角度上，他们都是你的晚辈，即使看起来比你更老、更虚弱，你也至少是他的爷爷级别的。你不知道和他们交谈什么，你所说的每一句话都可能存在着让他们去图书馆查找资料的古旧典故。当然，他们也可能会对你十分感兴趣，他们很想知道亲眼看过第一次在中国召开奥运会或者世博会这样重大历史时刻时你的心情。虽然对你来说，记忆里存在着的可能只是拥挤。哦，真可悲，穿越时空，艰难闯过无数可能失败的难关来到未来，你只不过是成为未来人类面前一个活着的历史影像。这种感觉让我感到十分的孤独，你呢？

那么，我们回过头来再去看看这个伟大的技术设想，把自己变成冷冻人的代价，究竟给我们换来了什么希望呢？

4 生命的最后一搏

生命是脆弱的。对于和人类生活在同一个地球同一个时代的生命更是如此。或许他们抵抗住了贫瘠的环境、残酷的竞争，但是却无法抵抗疯狂发展的人类社会所带来的影响。是的，它们不得不面对种群灭绝的危险。

比起动物，植物灭亡的脚步更快。因为它们无法移动，无法逃跑，对周遭的环境十分依赖。而且更难引起人类的警觉，在大部分人类眼中，只要还可以看到身边存在着绿色，他们就可以安心，认为植物们和他们一样快乐地生活着。和有叫声、会奔跑的动物不同，植物的灭亡像他生存时一样悄然无息。一个植物物种的灭绝，可能需要很多年之后，才会被人类科学家发现。而相对于保护动物们而划分的保护区域，专门为植物所设的保护区域少之又少。但是植物所面对的生存困难却一点不比动物少。即使没有人类干涉，它们和动物们同样要面对环境和其他物种的挑战。而且，人类也很少会像关心大熊猫的繁殖那样，关心一种植物的繁殖情况。据科学家的预测，地球现存植物中，将会有 47% 的物种在 100 年内消失。这的确足够让人担忧了。

直到人们发现了植物的一个秘密。原本灭绝了数年的植物有一天突然在一个角落里再次出现。科学家们狂喜之余，开始反思，究竟为什么这里突然会出现了一棵或者数棵早已灭亡了的植物物种呢？后来，通过研究，人们终于发现，是植物的种子。是的，任何植物都会传播种子来繁衍后代。但是，种子的特殊在于它扎根于泥土，也就隐藏于泥土。只有条件成熟的时候才能唤醒它的生长。那些在我们观察范围内的某种植物个体即使不再出现，它们活着的时候传播了的种子却可能隐藏在某处，等待着苏醒的那一天。

这个消息给科学家们带来了许多希望，因为这意味着在世界上许多我们不可能注意到的地方，应该隐藏着许多已经灭绝了的或者濒临灭绝的植物种子。后来，科学家们给这个现象起了一个有趣的名字，叫作种子银行（Seed Bank）。大多数的植物种子具有休眠性，长埋于地下数百年，甚至上千年也可以在环境条件合适的情况下被唤醒，重新发芽、生长。当然，前提是这期间不会被虫子或者鸟类发现并且被吃掉。不过，值得庆幸的是，雨水、腐叶堆积包括地壳运动在内的许多自然助力都会造成种子逐渐被深埋。有些地方的土壤下常常会出现分层式的埋土种子。当然，这也同样给科学家们带来了困扰，因为这些深埋了的种子，没有人知道都是什么物种，有多少，埋在什么地方。而且埋得过深也就意味着再次被唤醒的机会越少。但是，毕竟还是将物种保存下来了。植物利用它们仅有的最后一条策略，将希望埋在了土中。

不过，这给人类也带来一些灵感。一些极具有前瞻性的科学家们开始了人为的种子银行行动。全球各国开始陆续创建了一些种子银行，目的就是人为地收集植物种子，储藏起来，以防止可能到来的灭绝。其中比较著名的一家就是挪威政府出资在北冰洋上修建的斯瓦尔巴种子银行 (Svalbard International Seed Vault)，这个尚且很年轻的种子储存基地，现在储存了大约 450 万种植物的种子和花粉。它确保了地球遭受浩劫，或者植物大量灭绝时的物种多样化。不断手刃地球各类生命的人类终于做对了一件事。虽然这不能抵挡依然不断减少的植物物种，至少我们可以期待储存于地下的天然种子银行和人类创建的种子银行可以给这个星球再次带来真正的绿色。

当我们了解了这些之后就会发现，相比较起来动物显得更脆弱。因为动物虽然能跑能跳，能够躲避人类的捕捉和环境的危险，但是，显然动物无法将自己的子代埋入土中，以求“东山再起”。所以，动物看似比植物有更多的自由性，但是如果一种动物灭绝了，那真的就是灭绝了。不会再有突然冒出来的可能性。而且动物的繁殖要求也比植物要高，如果缺少足够的数量，就不足以繁育出健康的子代。所以，很多濒危动物虽然没有完全灭绝，但是基本上缺乏充足的配偶导致繁殖的数量少和质量不达标。

不仅如此，动物无法像植物一样依靠土壤、阳光和水源就可以存活，它们需要寻找自己的食物，还要躲避各种天敌。而濒危物种虽然能够被人类通过饲养保护起来，却越来越无法适应野外的生活。这样就永远无法恢复原有的姿态和自然原貌，也无法修复该生态圈的食物链。并且，长久下去，可能导致动物的特性退化。因为人类饲养和保护濒危动物的方法和远古时期人类驯服家畜几无区别。所以，很可能的结果是，即使人类能够使某种物种大量繁殖，它们也再不能恢复野生的状态了。

我想，你大概想要问动物的最后策略了。答案是没有。是的，这就是现实。自然界不具有动物的种子银行，而人类有没有办法能够储存动物的物种，制造同样的种子银行出来呢？唯一的希望在人类的科学那里。在遗传工学和细胞工学不断进步的今天，克隆技术带动了核移植技术的兴起，只要拥有灭亡动物的精子和卵子细胞，通过核移植，使已经灭亡的动物被孕育出来也并非难事。所以，就像这样，可以通过保存动物的精卵细胞的方法完成动物族系的种子银行的创建。无论在过 100 年，还是 200 年，人类的科技不断进步，复原动物的能力会不断提高，只要这些蕴含着一个物种信息的 DNA 没有消失，就还有希望。

写到这里，总算是让我们对于地球生物多样化悲惨的现状和人类始终并不算成功的挽救措施松了口气。但是，如何使我们现有的环境能够不再恶化，现有的动植物不再继续灭亡却依然是严峻地挑战。因为，即使你保存了所有生物的“种子”，一旦地球环境完全恶化，你又能够提供什么地方给它们“复活”呢？更别说，我们人类尽管数量庞大，可也只不过是依赖着地球、依赖着环境生存的生物之一而已。当地球环境变得无法逆转，谁又能保证人类不会跟着走向灭亡呢？那么，人类灭亡之后，这些被保存的物种“种子”还有什么意义呢？

所以，种子银行的出现并不能给我们以安慰，更不是置身事外的人类的傲慢姿态，因为不管从任何角度去想，尽管那里虽然没有保存着人类的“种子”，但是我们显然和地球上的生物是同生死、共存亡的，这也是我们生命的最后一搏。

5 当科学成为一种宗教

当1760年第一次产业革命伴随着近代科学的产生过去了200多年之后的今天，这个世界的人们已经几乎不会对科学的力量和正确性产生任何异议了。尽管最初近代科学所制造出的近乎颠覆人们一切旧有认知的科学成果和理论，曾经让这个世界的人们充满了惊恐和不解。但随着工业化所带来的城市文明的大发展，人们的生活实实在在的因为科学的成就而变得日新月异。人们逐渐地接纳了科学，科学始终以极度谨慎和严肃的面孔出现，并顺利地在短短200年间就解构和修正了之前数千年人类社会所构建的理解世界的各种观念。毫无疑问，科学已经成为这个时代构成人类社会最为重要的基石。而今天当人们喊出我信仰科学的口号时，甚至已经不会使人产生一丝令人错愕的夸张和对科学的献媚之感。

但，我们需要考察一下这个词语——“信仰”。它和相信或者信任只有一字之差，但实际上蕴含的意思却有着微妙又截然不同的区别。当我们选择信仰一件事物，那么这就意味着我们将毫无怀疑地以一种绝对坚决的态度拥护它的正确性。甚至，它可能从某种程度上是我们理解世界和获取精神安稳的来源。否则，则不能称为信仰。当然，事实上，无论人们在怎样的场景中说出这样的口号，可能都未必仔细考虑过这个词语所代表的含义，也未必意识到自己与科学之间的关系。但当我们把这样一句口号放在近代科学发展的200年时光里来看的时候，却可以清楚地感受到“科学”渗透到人类社会的存在感中发生的变化。

你可能会问，这到底有什么不好？热爱科学、信任科学有什么错？我们见证了科学通过一次次突破给人类社会带来的卓越的改变，人类的寿命得到延长，生活变得便利，科学一次次地将人类之前错误的认知（包括自身和世界）进行了纠正。信任这样强大而正面的力量当然不能是一种错误。但我们必须意识到一个问题，在现在的时代里，我们缺少一种力量可以用来监督和纠正科学，那些旧有的力量都因为科学的崛起而衰败，而这个时代所建立起的新的学说也毫无例外都是基于科学本身的理论和规则。所以，今天，科学的一切修正和改善都来自科学内部。但，这始终存在着无法突破的局限。

于是，我们看到了这样的局面，科学一直在膨胀。越来越细化的学说分野，越来越大规模的研究计划。每个国家都耗费了大量的人力物力进行科学竞赛。而事实上一个科研项目从设立到完成，到验证最终是否实现了对人类社会产生积极影响，可能需要耗费数年时间，背后却是源源不断的资金供给。而最终这项成果所带来的积极影响是否能够等价于背后的资金投入，则更是一个难以预料的事情（不仅一项科研成功与否很难掌控，而且最终是否能够顺利工业化或作用于人类生活也是漫长而曲折的道路）。而这些资金归根到底来自于国家的税收或投资企业的利润。不可否认，科技的进步，可以给人类社会带来显著的好处，但和人们现实的福祉相关（包括医疗、教育和扶贫等方面）的资金投入相比，究竟孰轻孰重，尤其是不是应该如此任由科学的开发一路狂奔一家做大，着实是个值得深思的问题。

再进一步说，有膨胀的一方就必然有萎缩的一方，科学膨胀的发展史，几乎就是人文学科萎靡和没落的历史。显然，无论科学如何强大，它始终不可能取代所有学术分野。但纵容其无限膨胀的结果却显然已危及其他学科的生存，但仍旧没有办法去从根本上纠正它。因为科学至上的概念已植入人心，却没有人能够去规定科学发展的边界。是的，科学世界里可能并没有一个上帝。但这并不能保证人们不会盲目地膜拜它。成为了信仰的科学，有着和宗教一样的不容置疑和排他性。这本身就已经开始偏离了最初科学企图构建的绝对公平和客观的理念。科学对于其他学科通常都是蔑视的，信奉自身的无所不能自然是其自大的信心来源，而更重要的则是，科学只能接受自己的理论体系下的诠释方法论、即所谓的科学性。

然而，建立在验证主义基础上的科学体系，没有可再现性的结果其实统统不可称为具有科学意义的结果，如果严格按照这个标准去审视一下科学内部，你会发现许多高大上的科学领域将无颜立足于科学界。这包括以宇宙为研究对象的天体物理学，以古生物为研究对象的古生物学，他们从现实意义上来说根本无法实现观测或实际的再现，但我们能不能把它们称作科学呢?

如果可以，那么被轻易打上伪科学或者非科学的那些理论和学说，究竟是为什么就被斩钉截铁地扔出了科学的大门呢?

非科学或者伪科学，其实原本应该是一个更加中性的词语，因为我们不能忘掉这个词语所指代的真正意义是它不符合科学的解释体系，而不是代表那是错误或者欺骗。但现在，显然我们在任何地方听到这个词语，我们都可能需要去思考一下才有可能想到这个词语的真正含义。

这大概就是目前科学其高大形象背后的另一面。让我们来看一条关于宗教的定义："人对对于能够指导和控制自然与人生进程的超人力量的迎合、讨好和信奉。"[1] 科学从某种意义就是这个时代最大的宗教，我们或多或少都是不明就里跪倒在圣殿前的信徒。有些事情很有趣，科学这个曾一度被宗教徒们架上绞架的近代文明产物，如今却替代了教皇坐在了教堂里，向人们宣称，你只能信我。

---

① James George Frazer. The Belief in Immortality and the Worship of the Dead，3卷。

正是在这样的背景下，在 20 世纪末，宣称科学是高于其他一切对世界最佳诠释的科学主义孕育而生。科学主义者认为，人类的任何难题都会随着时间而被科学家们攻破。这狂热的宣言背后正是将科学上升到意识形态高度的明证。事实上，通过本书的其他章节的问题，我们也可以轻易看出科学不仅不能解决所有问题，甚至可能成为使某些问题激化的推动者。所以，Mikael Stenmark 提出用“科学扩张主义”作为科学主义的代名词。因为毫无疑问，科学主义所做的所有努力都是在试图推广科学所能囊括和解决问题的边界，而不是去承认其他学说和理论存在的合理性。

但，即便如此，我们中的大多数人仍然无法感觉到膨胀了的科学所带来的威胁感。这个道理很简单。因为，基督教作为世界信仰人数最多的宗教，号称信徒在全球有超过 15 亿人。但这个数字是远远无法和信仰，依赖科学的人数相抗衡的，当大多数人都选择了相信一件事的时候，它就成了真理。

6 永恒的记忆

我特别不能够理解人的一个功能就是记忆是如何产生和保存，并且能够在我们需要的时候回放出来，而又会在不经意间被自动淡忘。这和我们看待电脑储存文件的心情是类似的，你肯定不知道被你保存在某个硬盘里的某些文件平时是什么状态，像我们把现实中的文件那样工整地摆在书架上一样，还是和叠成数叠塞在黑暗抽屉里的信件一样呢？这并不是什么白痴的问题，这只是一个十分难以用我们的思维去想象出具体感觉的复杂问题。即使学习了生物学之后，我也觉得没有找到我想要的答案。纵使你学习了人类的记忆是以神经元上……不要再轻易相信那些用神经元、海马体这样更加抽象的词汇来给你解释的生物专业的“高人”们了，相信我，他们自己也没有搞明白记忆到底是怎么一回事。

不过，虽然我们对于记忆的具体形态和运作并不能够理解，但是我们对记忆的特性却很清楚，因为我们都有记忆。根据记忆特性简单来说记忆可以分为短期记忆和长期记忆，但是这种分类其实很不完善。正确的分类是感觉记忆（sensory memory）、工作记忆（work memory），短期记忆（short - term memory）、长期记忆（long- term memory）。感觉记忆是无意识下对于周遭环境的信息的记忆，包括味道、气味、颜色等，可以推想这种记忆存在的目的是我们保护自我、分析自己所处环境的。通常如果你不刻意去回顾它，它甚至保持不了 5 秒就会被大脑“消除”。一旦你回顾它，它就会进入短期记忆的阶段，但这也是有选择性地被记忆下来，你不可能将一个时刻闻到的气味、看到的场景、说过的话，都记忆下来。并且，如果你不定时回顾这段记忆，它依然随时可能会被淡忘。

相比上面所说的这些记忆，工作记忆通常包括你通过学习、模仿而获得的技能。这些东西无论你经过了多少年，甚至“失忆”也不会忘记。因为你可能会不时地利用这些技能，并且在具体的使用过程中获得新的心得和经验修正，这些都无形中加强了你对于这些记忆的稳定性。所以这些记忆在大脑里是组合关联性地被记忆着，就像一个局域网一样，所以很难轻易被抹去。而像语言（当然主要是指母语）、对事物的理解性记忆、来自模仿他人而习得的行为规范等等都属于长期记忆的范围了。这些记忆支撑着你进行正确的思考、行为、交流，所以大脑会拼命保护这些记忆的清晰和发达。这些记忆如果丧失，就不仅仅是你想不起来事情这么简单了，恐怕你连想不起来什么都不记得了，因为那意味着你也丧失了大部分理解的技巧。

大脑对于记忆之所以有如此详细和复杂的分类，是为了让我们能够正常生活和行动的同时，减低对大脑“存储空间”的占用。不过，尽管这个设计十分合理，但是却未必符合我们每一个需求。我们常常会忘记自己并不想忘记的事情，却牢牢记住了想要遗忘的回忆。因为大脑对于是可以删除的记忆和需要保留的记忆的判断标准十分简单，你不再经常想起的事物，大脑就会认为那是不重要的，是可以逐渐削弱的；而那些你经常念念不忘的，大脑就会当作十分重要的事物，牢牢抓住不放。而这恰恰击中了人类的心理弱点——人类越是讨厌越是心烦意乱的事物，越是喜欢反复回想和分析，尽管人类的目的并不是要记住得更深，但是却无形地加重了这段痛苦回忆在大脑看来的“分量”。而那些重要的东西，虽然重要但是却缺乏被人们不断回顾和思考的空间，比如你要考试的内容、你要记住的数字，重要和总会想起，在人们心里显然是两个概念。所以，你想忘记些什么吗?

唯一的办法就是不要去想它。

当然，记忆不会是永久的。至少当你迈入老年，你的记忆力将面临必然的衰退。不过，除去部分人是因为患有阿尔茨海默病（Alzheimer's disease），大部分人因衰老而感觉到的记忆力下降是因为大脑的“信息”传导速度的下降。那感觉可能更像是你跑步，时间越久你的速度就会越低于起跑时。那意味着你的记忆本身并没有改变，你不是忘了它们，而是你需要更多时间来找到它们。但是，这依然让我们十分恐惧，当我们步入暮年，回顾我们精彩的一生，却在我们堆积了大量“文件”的大脑里越来越难以找到我们需要的回忆。最为可气的是你知道它们就在那，却不能像以前那样轻易地拿出来想个够了。

这很自然地引导出了另一个问题，我们死后，我们精彩的记忆将随着我们一起消亡。那些美好、那些妙语连珠的对话、那些流连忘返的美景、那些经历了的历史瞬间，都将像电脑格式化一样消失得无影无踪。这不能不说是一种人生的遗憾，那意味着除非你像我一样不停地著书立传，否则你并不能留给这个世界什么。而科技的进步虽然日新月异，但是显然读取人类大脑信息，备份人类记忆的技术还未出现。不过，也有一个简单而且现实的办法。

有人想到了摄像头，不能获取记忆，就纪录图像嘛。这是个很普通的技术，甚至已经有人开始每天录制自己的一些生活。不过显然想要模仿大脑记忆那样事无巨细地保存你的人生，录制一些生活的场景显然不达标。于是，研究工学的科学家们设计了一套这样的装置：它可以佩戴在你的头边，而且体型十分轻巧，不仔细看是不会有人注意到它的。它可以 24 小时连续录制你眼睛看到的同一位置的图像和你听到的一切声音。不过，目前的技术仍旧需要你不定时地取下充电，上传资料。而研究这一技术的科学家声称，未来将会使这套装备更小巧，并且充分利用网络技术上传资料，生物充电或者太阳能充电。他们的目的是让这样的设备就像你大脑的记忆装置一样，让你最小程度上不会意识到它的存在。这是怎样贴心的研究目的啊！

抛开对于记忆的无法理解，我们至少可以通过这样的小科技获得永恒的记忆，不用担心遍寻大脑“文件夹”而不见自己所需的了！但是，很快我们会意识到一些问题。首先，在我们人生的大多数可以记住回忆的时候，我们拿这个机器来干什么？你肯定不会无聊到每天晚上抱桶爆米花看自己白天一天都看到了什么听到了什么。所以，可能在你人生大多数时候，这个机器只不过是一个不停消耗电脑储存空间的东西。而当你记忆力开始衰退，终于需要用到这部机器所记录下来的一切的时候，你会发现这部不经剪接、不经音效处理的“人生电影”并没有你想象中那么好看。除了大部分的人生流水账，你所想要看到的回忆瞬间可能并没有你记忆中那么美好，因为这是机器，不是大脑，它只懂得客观地记录，而不会像大脑那样筛选记忆。比起回忆不清，我想破坏了回忆的美好可能更让人崩溃。

更严重的问题在于它会忠实地记录下你所有的人生，我的意思是包括你那些隐私、自言自语，这肯定不是想留给后人观赏的东西。就算你可以每次都想到在“关键时刻”关闭这该死的机器，你那长达数十年的没有任何明显提示划分的人生音像被保留下来，有谁会有耐心翻看它呢？也不会有人知道你在乎的那些记忆在什么地方。

看来我们的记忆虽然不完美，却很难替代。至少不是这么一个简单的技术就能做到的。因为我们渴望的不仅仅是记忆的永恒，还有记忆中的美好、朦胧和不可替代性。我还没有老过，不知道“当年的那段回忆真美好，虽然我记不太清了”会不会是另一种永恒呢？

7 医疗，一个善意的谎言

在中国春秋战国时期之前，医生也兼任巫师，被称作巫医。这是个有趣的现象，尽管在中国伟大而漫长的历史长河中，医生可以有“跳大神”资格的时期并算不上长，但是却反映了一个问题——在某段时间里，人类无法分清医术和巫术的区别，或者认为那根本属于同一类。不过，这在当时丝毫没有侮辱医生的意思，更没有不信任，因为在当时人们对于巫术也是深信不疑的。

可惜，后来人们文明了，科学的发展让巫术占据人们信仰的比重，特别是对于能够医治病患的作用逐渐远去。医生们也不再承认那原本是自己的老本行，脸色一变，现在反而常常成了第一个跳出来揭露“巫术”的封建迷信本质的积极“先锋”。当然，这没错，巫术不足信。如今的医学也早不是“巫医”时代的样子了，医学在发展了几千年之后，解剖过人类，研究过细胞，探索过人体的构成，发明过抗生素和疫苗，可以说有理有据，这也是为什么如今的人类能够实现60亿人口的寿命同时延长。但是，医疗现场却不是在黑板上演算，在显微镜下观察，错综复杂的病情的诊断，治疗方案的选择，医生们需要处理的艰难局面并没有因为科学的进步而改变太多。

一个医生，面对一个推进病房的病人的时候，翻开病人的病历，他的脑子在想些什么呢？我想你一定想要知道。我不能帮你推论出所有他的想法，但是我相信它至少在面对诸多病历数据的时候，脑海中一定出现的一个想法就是筛选——筛选治疗方案。这个世界上没有什么病症是只有绝对单一的治疗方法的，即使有，也不见得对每个人有效。那么，医生需要根据你的情况来判断，哪一种才是治疗你最有效、副作用最小的方法。这个通常要考虑你的病情、你的身体状况，甚至是你以前患病的经历，哪些数据需要重视，哪些数据可以暂时忽略不计，这都是医生需要参考的东西。这之后才会给出最终治疗你的方案出来。

并没有一所医学院会教授这样的判断方法。这些判断和最终决定的依据只有一个——经验。不管你相不相信，医生和士兵一样，学会再多理论、再多知识，也无法只用这些来应对“实战”。只有不断地积累经验才能获得这些判断。但是，这显然脱离了科学世界的精神，判断不管是建立在多少经验之上都无法称之为客观和严谨。可面对具有复杂状况的病人，医生不能去翻开厚重的书籍查找，考虑每一个条件、每一个数据。事实上，即使查找书籍资料，也无法解决任何一个现实中的患者的问题。书是死的，人是活的。

而即使是确诊，制定好一系列的治疗计划，医生依然要面对很多突如其来的判断。比如，当一个癌症患者进入晚期，患者家属询问如何补充营养时，其实并没有太好的选择，因为如果补充大量的营养，癌症细胞会更加疯狂地生长；如果不补充营养，病人本身将无法支撑。医生只能选择让家属继续帮助患者补充营养，因为患者家属是无法理解医生下达少补充营养给如此虚弱的病人的用意的，更别说那样可能使病人更快走向死亡。但是，其实这个问题是一个怎么做都可以，但是怎么做都是错误的问题。人体的复杂，病症带来的各项影响，很多时候无法通过一个非此即彼的选择来对付。但是，医生却又不得不去面对这样一个选择，并且得让病人和家属相信，这个是有用的。你很难称之为“谎言”，但是答案却的确不是真实的。而这就是医疗的真实，一个建立在经验和善意的“谎言”上的行业。

当然，这不是说医疗存在着多大的漏洞和问题，只是事实上医疗的很多特征早已偏离了科学这个被医疗弃“巫术”之后绑上的“大旗”。或者说，我们反思一下，为什么最早的时候，医学会和巫术混合一道？其实，并不是说医生要懂得去骗人，而是从古代的时候开始，行医者就明白，医治人类有时候不仅仅需要药物，也需要心理安抚和治疗，无疑，那个时代混淆在医术中的巫术所起到的大部分作用应该就是这个。这和医生告诉绝症晚期病人“再治疗几天，你就会好的”目的相似。

那么，比它更靠近实验室的基础研究如何呢？支撑着医学发展的基础研究分野，每日只用埋头于研究，不必接触真实的病人和复杂的病情，是不是就更具有科学性了呢？

的确，医学基础研究面对的课题要比临床医生们单纯得多，他们只需要把自己设想的答案通过实验证明出来就足够了。一切理论和结果都依赖试验结果，客观性上足够了。但是，却存在着另一个问题，这些依靠老鼠、其他哺乳类动物和在实验室的保温箱里培养着的细胞得出的研究结果，能在多大程度上反映人体的状态呢？且不说那些用动物做的实验，即使是培养于培养皿中的人的细胞也会因为环境的改变而与人体体内的细胞产生些许差别。这是任何一个国家的科学家都认同的观点。37 摄氏度的恒温、5% 的 CO_2，模仿人体的营养培养液，这些虽然可以塑造出类似于人体的环境，却依然存在着细微差别。而这细微的差别足以引起细胞的异化。而这就是支撑着人类医药行业的基础研究状况。这就像测试洞庭湖的湖水去推断长江的江水一样让人担忧。可是，我们不能怪罪医学研究者们，没人敢用活人去做实验。这是医学研究不得以的无奈，所以很多研究在基础研究阶段让人惊叹，但是却迟迟无法进入临床阶段，一旦进入，又发现完全不是人们设想的那样乐观。所以，我们也不能否认这种研究模式存在着本质上的科学偏差。尽管我们不能说医学基础研究不具有科学性，但是至少对于它最初所谋求的目的而言，它是曲线性的。

但是，很快有人注意到了医学中存在的这些尴尬。这些人并没有表现出同情和理解，在他们看来，这恰恰是不能够再允许发生的事情。因为，如果纵容医学如此下去，那么医学可能真的越来越不具有科学性，越来越让人担忧，而医学的尊严和诚信也将扫地。于是，2004 年，由美国哈佛大学教授唐纳德·伯威克（Donald Berwick）发起了“减少医疗事故，加强以科学根据为基础的医疗”活动，最终获得了美国国内 3 000 所以上的医院的响应。并由此产生了一个新的概念，“基于科学根据实行的医疗”（evidence-based medicine, EBM）。这个概念包含的理念主要为存有良知、明确性地、有区分地使用最新最合理的医疗知识进行医疗（conscientious, explicit, and judicious use of current - best evidence）。

这么解释可能听起来依然晦涩难懂，EBM 的目的正是为了避免我们前文中所提到的经验之谈。通过医疗数据共享，统计学对病例进行总结和归纳，推广最新医疗研究成果等措施，最大程度地使医疗的每一项实施都遵循着有理可依、有例可证的原则进行。尽管这还是一个在进行中的医疗基准，但是这提供了一个方向。我们不由地期待基础医学研究以及精神分析领域也能够在不久的将来找到规范自身问题的方法。

基础研究的结论偏移，临床医疗的经验依赖，让这个特殊的分野存在着许多让人忧虑的成分。而他们面对的恰恰又是活生生的人类自身，他们必须小心翼翼，却又无法达到科学通论下的客观和严谨。全新的改革带来很多希望，不仅仅是患者方，医生们、医学研究者们也希望能够通过这样的一种改革，在所有人的努力下，让医学能够健康并且始终秉承着客观的视角向前发展着。有时候，我真的祈祷这一切能够早日规范起来，也希望看到医学研究者满怀自信地憧憬和医生们信誓旦旦地保证治疗不只是一个自欺欺人的善意谎言。

8 不老的科学

人最喜欢探索问题的角度是什么？终极。

人类对于每一种事物，都想知道的一个答案就是，它会不会变化，背后有没有终结的一天。从地球到宇宙，到生物到人类自己，无不是如此。这几乎是支撑人类好奇心和探索世界的源泉动力。但是，就结果而言，没有什么是不会消亡，不会衰退的。太阳会燃烧殆尽，地球可能干涸枯萎，物种可能会不断灭绝，人类也会衰老死亡，那么，延续这个思想，我们在探讨的主要话题——科学会消亡吗？

这是一个很特殊的研究对象，它不是实际存在的东西，它是一种活动的总称，是对人类探索精神的一种总结。那么，依存于人类的科学会不会随着他的主人而消亡呢？或者，不说消亡，随着人类的不断探索，不断进步，解决一切尚未可知的科学难题之后，它也有衰老如人类的一天吗？这可能是一个超越了我们想象能力的问题。因为我们甚至无法知道解决了所有科学难题的一天是什么样的。不过，用不了太久，你就会意识到这是不可能出现的一天。因为，科学所探讨的东西本身在不断革新和进步着。而科学的进步也会不断地带来全新的课题。我们无法否认，科学始终围绕在人类的思考和生活范围内。科学唯一的目的是帮助人类认知这个世界。但是，我们必须清楚地认识到，这不代表了科学在人类历史上不停地发展就可以让人类认知每一个问题。因为人类的思考有极限，科学研究的方向也有偏好。人类不能跳出人类自身去看待和控制科学的方向。

而另一个方面，科学自身也有着它独特的属性。科学的世界包含着必然和偶然的因素，地球上生活着的生物存在着进化，这是必然性；然而怎么进化，哪一种基因最终取胜，成为优性基因则是很多因素左右下产生的偶然性。精子和卵子相遇，融合带来生命，这是必然性；而哪个精子会战胜其他对手成为胜利者，这是偶然性。参考了前人的理论，通过大量调查得出进化论这是科学发展的必然性，但是由因为地质考察登上轮船的达尔文去发现这个伟大的理论本身确是偶然的。像这样的例子还有很多。所以，必然性可能因为偶然而产生出新的变化，这就会不断地萌生出新的问题、新的课题，这也使得科学世界始终维系着“生命力”，不会出现衰竭和终结的一天。是的，这和人类会衰老的情况不同，这是因为我们看待两者的视线不能相同。如果你把人类的衰老以及死亡放在生命的高度去看，就会发现人类虽然会衰老，但是生命依然不息；人类虽然会死亡，但是人类的生命、人类的肉体在死亡之后转化成其他的形式，支撑着地球上其他的生命依然不息。生命本身从它出现的那一天开始，无论物种多样还是哪个物种成为霸主，它都依然存在于这个世界，不管生命的火焰燃烧到了那里，哪一片熄灭了，哪一片又开始燃烧，它的能量没有变化，它的本质也没有改变，我们人类作为一个物种，只是诠释他的一种形式而已。

和人类特性相似的不是科学，而是技术。人们常常混淆科学和技术这二者之间的区别。技术，也是对科学的一种诠释。它利用了科学的理论，完成了人类希望达到的目标，成就人类希望看到的世界。但是它不是永恒的，它是会衰老的，会被淘汰的。今天没有人再为 100 年前发明的技术而感觉到优越，更多的 100 年前的技术可能已经不再被使用。更加便利，更加安全，甚至只是更加时尚，更加贴近人们的需求这样的理由就足以随时替换掉任何一个技术。因为它的内涵是单薄的，所以技术是会衰老的。

而且，我也认为，技术的开发也有着它终结的一天。技术总归是为了完善人类的生活而设置的。人类的欲求本身并不是无限的，它总会有它饱和和满足的一天。我所说的欲望不是你我的私欲，而是作为人类整体对于自身生活的改善欲。人类的生活随着时代的进步不断发展，社会形态不断完善，但是终有它完善的一天。或者说它终有一天会足以让人类再也看不到它的瑕疵了。当然，这很遥远，今天的我们还看不到，甚至同样无法想象。那么，当这一天到来时，技术革新存在的意义就会消失。完美的生活不需要更多的技术革新了。人类不再需要通过技术来诠释科学了。那么，就像人类本身一样，技术在那一天就会“寿终正寝”。我很期待，或者说很好奇那样的一天，没有科技的世界会是什么样的呢？而人类世界脱离了技术的束缚之后，将如何看待科学，看待这个世界呢？可能，说不定我们今天看到科学中有若迷雾一般的终极问题，也只有到了这样的时候，才能让我们突然获得灵感，恍然大悟。因为这是一种质的超脱。科技的终结必将给人类带来思想的全新飞跃。

同时，由此也可以推断出另外一方面的可能性，人类在技术需求饱和之后，可以更加自然平静地看待科学之后，科学不再沦为人们换取利益和满足欲望的工具。科学可能第一次以它最本来的面貌出现在那个时候的人们面前。或许不再如今天一样被人类吹捧，但是却可以获得更为自由的发展方向，而不是紧紧地盯准人类的欲望所需了。科学将不再是单一方向的发展，而是更为全面、自然的发展。可能，也只有到那一刻，我们才能再去讨论科学到底是什么，不是什么。

人类，用有限的人生去探索无限的科学，可能的确是相当具有野心的表现。不过，恰恰是这种有限的力量成就了科学的不朽，一如物种有限的生命成就了生命本身生生不息的永恒。

9 这最后的人生美景

不管怎么说，我们依然不喜欢衰老。因为那不仅仅意味着身体的衰弱，还有被社会“遗弃”的感觉。你得承认，这是事实。无论社会如何进步，无论对老龄化福利发展到什么程度。老了就是老了，你代表的不再是文化先锋，而是文化历史；不再是社会劳动力，而是劳动力供养的对象；不再是家庭的支撑，而是家庭的负担。这些都是很残酷的变化，但却是每个人都会面对的变化。不管你有没有意识到，这些你都明白，这也就是我们在面对衰老的时候复杂心情的来源。

时光夺走了我们的一切。

很多人都认同这句话。其实就像时光曾经给过我们这一切一样，白来的总不是永恒的。不过，其实人类做的已经足够好，至少比起其他物种来，我们对待衰老的同类要仁慈得多。在与我们血缘关系很近的大猩猩家族里，当首领公猩猩年老体衰、无法再担任保护家族安全的时候，就会有更年轻的猩猩通过类似于“决斗”的形式打败他，获得领导权。而年老的公猩猩的结局只有一个——死亡。动物们智商不足，必须保持族群的生命力旺盛，才能不至于在竞争和撕咬中被淘汰。而人类凭借着超越其他种族的智力和生产力，创造和担负起了“老有所养”的社会规则。

这就是人类的进步，但是人类也必须为这进步付出代价。这意味着负责生产的壮年人类需要生产更多才能养活全人类。虽然这不是说每一个劳动者的成果都分给了需要供养的人类，不过显然供养一个家庭比供养自己要难很多。而医学的发展和社会的稳定，使许多国家进入了老龄化社会，这意味着人口中有更多的老年人口。劳动者的压力和社会本身承受的压力随着老龄化的加重而加重。尽管如此，人类也决不会去思考动摇“抚养老人”的规则，这不仅有违人类的道德和纲常，人们更清楚一旦这个规则被破坏将意味着自己也终有一天老无所依。然而，我们也不能无视老年人口增加所带来的各种压力。尽管各国老龄化的程度和人口结构不同，但是最终都会走向一个“超载”的状态，即每一个劳动者所需要供养人口的“超载”。当壮年人口已经无法供养每一个老人、社会福利无法照顾好每一个老人的时候，我们决不违背的社会规则也只能面临“自然破坏”。

怎么办？这才是我们想知道的。除了通过科技来增加生产力，我们还可以期待些什么？一个比较值得思考的问题是，多大才算是老年。是的，你没有看错，现阶段世界大部分国家公认的进入老年的年龄是60—65岁。而进入老年的根据是人类自己规定的。60岁即为老年的依据并没有准确的科学性，这只能是一种文化和民俗上的共识。事实上，任何生物也没有明确提出进入老年的分界线。老化是一种持续性的变化，很少有人忽而一夜白头。一个明显的例子是在中国古代，曾经50岁就被认为进入老年。这和当时的平均寿命有着极大的联系，也就是说，进入老年的年龄分界是和该时代的平均寿命有着联系的，当然也意味着是可以改动的。那么，在医疗保健水准普遍提高了的今天，显然60岁的“老人”的健康状态也不是古代60岁“老人”所能望尘的。那么，可不可以再次将进入老年的年龄上调一点呢？哪怕就是5岁，也可能改变很多。

当然，这并不是上调需要照顾对象的年龄，实际上，民间照顾老人，赡养父母也并非根据年龄，而是老人的身体状态和自身的条件。上调进入老年的年龄，可以让退休年龄推迟，当然我们可以采取更灵活的政策，比如将是否愿意接受更多工作年限的权力交给当事人自己。这样既缓解了老龄化给社会和青壮年劳动力带来的压力，也让尚且健康的60岁老人获得了发挥更多力量的机会。而且，推后了的老年年龄也给原本被宣布进入老年的人们更长时间的心理适应。是的，没有人愿意看到自己进入老年人的行列。

不过，这当然不能解决所有问题。无论再怎么推后俗定的老年年龄，老年人需要面对的问题并没有实质性的改变。依然会变得清闲的不知所措，远离了这个曾经让他们躁烦和喜爱的世界主流，需要安慰，需要他人的照顾。尽管我还远远没有进入老年时期，但是那种感觉已经让我开始惧怕。世界安静的只剩下自己的感觉究竟是怎样的呢？曾经永远不够用的时间如今慢得似乎停止不前。我想，作为这个世界最沧桑的人类的一个部分，老年人需要的更多的是内心的支撑和精神的安慰。他们都是这个世界上最孤独的人。

但是，已经因为老龄化而忙得焦头烂额的大部分社会主流人群却并没有太多力量和心思去改善这个问题。我们人类虽然可以勉强做到老有所养，但是也只能止步于此，并不能让进入老年的人们获得更多如以前一样充满着对人生的期待和幸福感的生活了。另一方面，进入老年的人们也默认了这种改变，他们不会怪罪谁，不会怪罪亲人，也不会怪罪社会，因为在他们的心中，这就该是“人老体衰”之后的生活状态。或许他们并不认同被社会所遗弃的说法，但是他们却很清楚自己与这个社会与这个时代渐渐分别了。他们把这看作人生的一个必然阶段，配合之后到来的死亡，没有抗争的理由和必要。事实上，他们也很难抗争，他们是这个社会被“照顾”的对象，缺少抗争的“资本”。是的，这个说法很残酷，但是正如被年轻同类赶下台的老猴王，作为生物，我们必须得认识到，纵使人类文明做到了老有所养、老有所敬，但是也得遵循生物界的“淘汰”原则，哪怕只是精神上和心态上的。

但是，这个局面可能会随着老龄化的不断深入和人类文明的不断发展出现改变的契机。只是有可能，拥有高度文明的社会和发达的科技的人类，在促使生存竞争的压力越来越弱的同时，却又迎来了越来越多的人口将会成为老年人的社会现状，老年人或许身体虚弱而不能再提供劳动力，但是他们将会成为人口的重心，这本身就是一种新的力量。这种力量足以唤醒人类开始关注老年人，关注届时将成为人口最多的一群人的一切，让他们在“老有所养”之上，也能继续地参与到这个世界中。再没有人将被自己淘汰，也再没有人将被自己人边缘化，你不觉得这样的世界才更美好一些吗？

也只有这样的世界到来，人类才不会惧怕衰老，说到底，人们最惧怕衰老带来的不是两鬓斑白，也不是年老色衰，而是与这个世界脱离，与死亡接近的内心。这不是什么无可轻重的问题，这是每一个人的问题，你可不可以置身事外地去看待这个问题，取决于你自己迈入老年的时间距离而已。我希望有一天不再看到他们唏吁感叹风烛残年，而是能和年轻人一起同饮酒共欢笑地谈论这个世界，陶醉在人生最后的美景之中。

很显然，生病是我们无法回避的生命体验之一。尽管这不让人喜欢，但是你得承认，只有生病的时候，你才最能够体会到生命的意义，以及自己的脆弱。而且，随着年龄的增长、身体的衰弱，你和疾病的斗争越来越没有胜算，甚至最终它可能结束你的生命。

1 要科学还是要伦理?

无论是我本科生时代，还是硕士生时代，甚至现在的博士生期间，我的课程表里都有一门不得不上的必修“鸡肋”课程——科学伦理教育。之所以称之为“鸡肋”是因为这门课的最大特点就是和你的研究息息相关，却不能给你的研究带来丝毫积极的意义。因为它总是告诫你哪些东西你绝对不能研究，因为那关系着人类整个文明和社会的安全。被这责任重大、后果严重的话给吓倒了吧？伦理课的老师就是这样苦口婆心、不厌其烦地“恐吓”我们的。

我们每日辛苦研究，却不得不定期去被人“恐吓”，究竟是为什么呢？想要讲清楚这个问题着实不易，但是最最根本的原因其实也很单纯——我们在研究的是人本身。虽然科学领域的各个分野均曾出现可能对人类社会的安定造成威胁的成果出现，但是没有任何一个分野能够和医学一样能够从根本上就和人类息息相关的学科了。所以，当近代科技的飞跃物技术以及基础医学飞速发展之时，触及人类千百年来遵循的人类伦理底线屡屡被挑战着。

所以，之所以克隆人一直出现在电影而不是现实中，不是因为其技术存在缺陷，技术缺陷是可以通过研究改善的，而是因为人们不想看到的是自己生下的自己。因此拦截克隆人的做法为世人所接受不存在争议，而且此试验本身能够给人类带来的实际意义不大，弊大于利的邪恶嘴脸从开始就十分突出，被主流社会齐声打倒实属正常。但有很多存在着争议的研究课题，却在伦理的“卫道夫”和科学的“先锋战士”之间长期进行着拉锯战，孰是孰非，一时不得定论。比如人类的胚胎研究，一方坚持认为与拿人做活体试验无异，一方却强调其研究的成果所能带来的意义。最终结论却只能是双方各自妥协，将胚胎研究进行了严格细致的规则设定，即便如此，依然不能为全世界所接受，完全禁止研究的国家至今依然存在。

你可能会好奇一个问题，为什么同样是人类，同样是重视伦理道德，有的国家可以禁止一项研究，有的国家却可以有条件的开展呢？这也是个复杂的问题，但是大部分的原因来自于文化影响力。比如宗教，宗教比较正统和统一的国家对于挑战伦理的科学研究向来都是排斥和坚决抵制的。虽然他们不再像数百年前那样敢把科学家架上火堆，扔进河里，但是他们依然有左右政治政策的能力。而那些可以开展研究的国家也不是不存在宗教或者抵制性力量，更多的可能只是国家当权者出于科技发展等战略性思考。当然，即使是因宗教力量暂时被迫无法进行研究的国家，也会逐渐地通过各种方法周旋与宗教或其他反对力量达成协议。因为如果有国家能够接受，那这项研究就还不足以让人望而却步。比如，美国对于人体胚性干细胞的研究在小布什执政期间是被禁止的，但在奥巴马上台之后，关于解禁人体胚性干细胞的讨论就风风火火地展开了。

但是，除去这些能够达成协议的，更多的是任何国家、任何国情都很难达成协议的。也还有许多在今天看来不存在问题，而继续下去就会出现问题的。比如我所主攻的人工干细胞研究。只需要你一块小小的皮肤，就可以让他在数月之内变成具有分化成任何器官能力的干细胞，然后根据你的需要在分化出指定的器官出来。而由于细胞本身来源于你自己，所以也并不存在任何免疫排斥反应的可能。人工干细胞的出现原本是一个皆大欢喜的事情，他既回避了从人体胚胎取现成的干细胞这样绝对被伦理所不容的行为，也给早就不存在多功能性干细胞的成人们提供了器官再生的希望。

科学界沸腾了，而向来严格监控科学界的伦理家们也默许了，只要你不培养出“囫囵人”就没问题。

然而，这次绝对是“伦理家”们太乐观了。因为他们没有去深想以后可能出现的情况。如果技术成熟了，我们可以轻易地获得人工诱导的全能性的干细胞，并且自由地更换自己的器官的话，每个人都会选择去尝试移植。然而我们身体的任何器官都会衰老，我们可能会通过多次手术更换多种甚至多个衰老器官，一直到我们最终身体的每一个器官、每一个组织都变成了新的。那么，也就是说你整个人都完成了“更新换代”，你身体已经没有任何器官是直接来自于原本发育成为你的受精卵了，而是你的体细胞诱导分化出的各种再造器官所组成的。那么，此时的你是你父母的后代还是你自己体细胞的？如果这个问题依然没有让你发蒙，那么，身体全部都已更换了的你还是你么？如果说是，你的身体已经没有任何一个部分是原先的你的那些部分了；如果说不是，这些细胞也的的确确来自于自己。

大概很多人想到了那个著名的哲学问题：被逐渐更换了所有船板和零件的航船是否还是原来那艘船。显然这个问题用木船解释不清，用人就更加解释不清了。更别说放在人的身上还有那个让人头疼的伦理问题。所以，今天纵容人工干细胞研究的原因不过是因为这是个尚未能够进入临床阶段的技术，人们还看不到而已。同样的道理还存在于很多其他的医学研究之中，我之前曾听过东京大学一位脑科学研究者的演讲，他企图制造可以进入并且解读人类大脑传导物质的信息，从而破解人类大脑之谜，我当时就很想问，如果你顺便把我记忆中的账号密码也破解了，我该怎么办？而且，这个由于网络的兴起已经几乎无法保护隐私的今天，这项科技的发明无疑会使我们最后一点隐蔽于脑海的私人世界也无法幸免遇难了。恐怕带给我们这个世界的问题将会多于便利。的确，科学家的奇思妙想通常能够带来很多技术飞跃，却总会留下让人恐惧的社会问题。从医治同类到制造同类，更新同类，这意味着的绝不是技术本身的革新而已。

但是，我们不得不承认的是，科学家们为了绕过愤怒的社会，伦理问题而放弃优秀的想法，耗费人力财力另寻道路为了全人类的生命健康的行为的确让人敬佩，但也同样应该感谢那些带着“操不完你们这帮科学家大爷的心”的表情到处游说，成功阻止了克隆人横行，希特勒复活，分不清祖宗孩子的诡异局面出现的伦理捍卫者们。要科学还是要伦理？这个可能不是一个鱼与熊掌的关系，往好处想，“伦理家”们激发了科学家不断改善追求真正柔和且有用技术的动力，而科学家的奇思妙想也推动了人类对于自身文明和思想观念的思考和审视。争吵的且让他们去争吵吧，拉锯战的也且让他们去对峙吧，人类原本复杂，又怎会存在简单解决的万全之策呢？

2 脂肪这个坏蛋

如果说有一种细胞，是我们身体必需，而我们每一个人都想将其削减到最低的，恐怕只有脂肪细胞了。当然，大多数的时候，我们并没有意识到那是什么，只是镜子前的自己不再柳腰细腿，或者去年那件最爱的裤子需要深呼吸才能再次穿上的时候，我们意识到了一个让我们深恶痛绝的问题——胖了。

不过，科学的发达和普及，让我们在小小的失落和大大的惊恐之后，立刻明白这一切罪魁祸首就是体内不断扩张的脂肪。然后，很自然的一个念头就会脱颖而出——消减它们。这件事的普遍性之高，绝对是不分国界，不分人种的。而人们对于肥胖这件事的厌恶感和恐惧感，从“瘦身”两字逐渐在取代“减肥”两字这微妙的文化变化上就可见一斑。痛恨而不愿直言，惧怕而不敢正视，我脑子能够想到的和这样的文化现象近似的还是人们对于“老虎”和“吊睛白额大虫”使用区分呢！可见，肥胖猛于虎也。

然而，事实证明，这不是一件容易做的事情，虽然减肥的普遍性为世人所接受，方法也被开发甚多，但是敢拍胸脯号称数日内定复见曼妙身段的又有几个呢？道理当然很简单，所谓脂肪，原本就是被当作紧急情况时的储备能量。你想消除储备资源，自然只有两个办法：一截其源头，二消耗掉。简单来说就是要么饿其体肤，要么劳其筋骨。显然，哪一种都是让人不舒服的办法。对于大多数生活在优越而安定的现代社会里的我们来说，放弃美食和增加身体消耗能量的负重都是让人难以坚持的。身体的欲望远比我们的意志坚强许多。

有人企图通过计算来控制身体的能量的存储。将每天的饮食和运动量列成表，削减摄入热量。而实际上，我们大多数的多余热量并非来自于一日三餐，而是多余的零食、饮料。不可否认，西方文化的侵入带来了更多高热量的食物，不管你喜不喜欢这些东西，这些身体脂肪的“前身”们无处不在。一般来说，消耗1千克脂肪需要消耗7000卡路里[①]，如果分成一个月来消耗，每天需要消耗233卡路里。反过来说，如果你每天体内剩余了233卡路里，1年之后你就增加了12千克。而这算不上很多的233卡路里，在我们大部分人的每天坐着比站着时间长、不动比动的时间长的生活中，几块巧克力、几杯可乐，足以完成剩余的使命。这一切都在你不知不觉中完成。所以，不是吃的量的多少，而是要看你都吃了什么。

学不好数学的人不容易减肥啊。

改善饮食，当然也不是仅仅控制好卡路里就可以了。因为你还得维持自己所需的基本能量。因为减肥饿昏饿出病来的可怜人们都是横下狠心，同时不讲科学的结果。最合理的办法就是适当控制饮食，同时结合其他方法。

运动是一个好办法，但是要讲究方法。做个早操扭扭腰的肯定不足以消耗你那些充满了脂肪、蛋白质、糖类的食物所带来的热量。举杠铃和做俯卧撑的高强度局部训练显然也只能增加肌肉的坚硬和膨胀度，与你的目的南辕北辙。你真正需要的是持续的有氧运动。不过，大部分人无法单纯通过运动来减肥。因为这是很枯燥并且很漫长的过程，你不可能在大汗淋漓之后的第二天就看到你梦寐以求的曼妙的身材，第二天你依然会看到那个让你不满意的胖子。这也就是为什么要同时适当控制饮食的原因了，只

---

① 1卡=4.1868焦。

有这样效果才会更快。你的身体内部在产生着变化——你当天所摄取的过多的热量由于你的有氧运动而没有成功转化成为储存的热量，而同时摄入的热量也减少了。

当然，你可以求助现代科技来完成这痛苦的过程，这也就是为什么有那么多的减肥方法孕育而生。但是，也别小看了脂肪细胞的顽固。要知道，作为对抗寒冷的最有效的方法，动物身体对于脂肪的调节是十分完善的，更关键的是身体的规则之一——完善的东西都是难以改动的。首先，脂肪细胞只增不减。是的，你没看错。一旦脂肪细胞增殖之后会维系相似的数量，不会因为你的任何措施而消减。除非你把它们吸出去，否则它们就数量上来说是不可能减少的。事实上，你的胖或瘦，都并不是脂肪细胞的增多和减少，变化的只是细胞本身的体积而已。所以，减肥的关键在于减少每个脂肪细胞的体积，而非数量。所以拿起你孤注一掷的减肥药品和器材，看看在它们上边是不是找到了缩减脂肪细胞体积的方法，如果依然打着减少细胞数量的口吻，扔了吧，显然连最基本的生理概念都没整明白，你还能期待它起作用么?

而另一方面，当我们痛苦地得知了脂肪细胞的“流氓”特性之后，就很容易明白一个道理，无论你曾经是个“吃货”，或者曾经是个运动健将，都会导致同一个结果，脂肪细胞的增长。因为你强烈的食欲和运动量都会导致你更多的能量储备，这意味着需要更多的脂肪细胞来承担这些储备。这在人们眼中简直是无法理解的怪现象，而对于身体，需要就制造，这是再普通不过的事情了。于是，贪吃鬼和运动员最终都成为了胖子。

更可怕的问题在于，女人天生比男人更容易发胖。这才是最要命的真实，原本就更注重身材的女士们，天生就比男人多 5%–10% 的体脂肪，且还会在青春期、孕期和更年期集中发胖。当然，这些更多机会获得的脂肪会使女人顺利生产，并且比男人更耐寒，寿命更长。显然女人们并不能因为这样的理由而坦然接受容易肥胖的现实。在这样一个缺乏真正的生存危机的时代，显然不苗条的身材更让人沮丧。

“与可恶的脂肪的战斗”依然在世界任何一个角落上演着。

大部分读者会被这篇文章的标题吸引，并且焦急地读到了这个地方的人们，大多是想在文章中寻找到最合理、简单、高效的减肥方法。实际上，有。因为人类体内的脂肪细胞分为两种：一种是比较容易膨胀的白色脂肪细胞；另一种则是不容易膨胀，且可以储存更多能量的褐色脂肪细胞。很简单的道理，让体积大的比例变小，或者干脆只存留体积不怎么变大的褐色脂肪细胞，或许体内的脂肪数没有改变，至少看起来我们苗条得多了。说到底，我们也没有那么讨厌脂肪，只是不喜欢它们带来的臃肿罢了。这绝对是一个根治肥胖的好办法，可惜还在研究中，难题尚未攻破。

而在那之前，您肯定没有办法强迫“卸载”其中一个，显然也只能在胃口和身材之间作一个艰难的决定。

3 中医，一个寂寞的传说

相传在古时候，有这么一群人，他们收集奇花异草、毒虫矿石，煎熬成汤，以金木水火土喻人体，银针刺皮，火灸筋肉，号称中医。这段文字描述有没有问题？没有什么问题。至少没有夸张或者漏掉太多中医的特征。但是让人看着很奇怪。为什么呢？因为这样的描述是以一个无法理解和接受的旁观者角度来记述和总结中医的。这段话更想表达的是，中医究竟是个什么玩意啊？放在今天，会这么介绍中医的人不多，可这么觉得的人并不少。

在近代百年，西方的文化侵略十分成功。西医就是其中一个。当然，只把人家归为文化侵略也显得有失公允，毕竟人家很实在，把人体拆了个遍，大到器官，小到分子，研究出并且能够告诉你想知道的关于人体的每一个为什么。这还不是关键，关键在于这些建立在解剖学、生物学、化学的基础上的西方医学，能够最快地做到药到病除。效率才是一切。这对应了这个新时代的发展轨迹。中医被取代是必然的。

但是，文化习惯被取代却是不容易的。被这个民族信奉了数千年的医疗理论，仅靠西方的“高效直观”的兜卖就想彻底取代也不是那么容易的。至少，人们肯花重金去买一株百年的野山参，不见得会用高价购买你新研发的浓缩营养液。牙龈肿痛，人们会想到去去火，而不是像西方人补充欠缺的维生素。很多人不喜欢中药的苦涩，却很少有人怀疑中医食疗的效果。

当然，也仅限于此了。

一旦遇到大病，基本上中医是不可能进入被人们考虑的范围的，除非遍寻西医而无可用之法。身为普通人的你我，甚至大多数时候根本不知道，中医到底是什么。然而，即便是你凑近去看，就像开头所写得那样。中医有着被这个时代所极其无法接受的外在特征，你也是无法理解，甚至是拒绝理解的。于是，一个民族开始无法理解自己了。但是，不能理解就是不能理解，自己民族的东西也不例外。当一个人不理解一样东西的时候，就很自然会把它当作不合理的。所以，对于中医，排斥和抵制的人并不少。

社会学家呼吁，奋青们愤怒，老中医们痛心。实际上，科学的问题只能由科学来回答。

我还在上高中的时候，曾经在一本杂志上读到过一句话，“西方人解放的是自己的双手，东方人解放的是自己的眼睛。”很多试图理解东西方文化差异而不得章领的人们都该好好思考这句话。西方文明中每一项发明与创造都与他们的动手制造分不开。他们对于客观世界的理性分析十分擅长。局部的关系构成，通过解构可以得出相应的理论和维护方法。西方医学也是其中一个。

西方医学可以治疗人类大部分已知病症，因为它记录并且研究了每一种病症出现时身体的各个从大到小的组成部分的状态，从而了解了这些病症发生的原因和走向。所以，它知道如何让你恢复正常。缺了 A，补充 A；多了 B，杀了 B。这几乎就是西方医学高效的所有秘密。然而，随着西方医学的发展，更多复杂的情况出现了。首先就是副作用。副作用一词，是西方医学发明的。在西方药理学的教科书中，副作用的定义是指某一项药物在人体产生的非目标性的药理作用。而目标性的药理作用通常只是该药物众多药理作用的一种。学习了生物化学，你就会了解这个世界上不存在完全没有副作用的化学药剂。

更让西方医学的基石龟裂的是生物医学的发展。对于人体基因的深入研究使人们了解到，人类遗传的规律，使任何两个人都存在着或多或少的差异。这些差异来自于染色体上小分子的“合理变异”。那么，也就是说每个人都存在着体质差异。太多的病症无法根治以及效果不佳，均可能是由这存在于基因中的差异所造成的。个人医疗方案才是包治百病的必然策略，然而，在生物医学依然漫长的研究道路上，这也只能是一个未来的课题。

西方医学无法独立完成这样的使命，它依赖着更多的新科技来解开这更为复杂的局部结构，只能再次通过解构的方法找出究竟是什么地方出现了问题。

而根据体质的差别对症下药的理论，却早就存在于古老的中医之中。这恰恰是最初中医被批判的理论之一。西方医学在通过数百年的各个学科的理论和技术的支持下，终于找到了和中医理论殊途同归的节点。

其实，我们的祖先也没有什么神奇的，他们不过是喜欢观察事物，并且寻找共性而已。他们所看到的决非病症本身，而是一个人和自然的关联和和谐。科学世界常常被人误解，以为埋头苦干才是全部，其实思考的方向更为重要。爱因斯坦发现的相对论无非是最初对古典力学所持的疑惑所引发的思考。换个方向，会得出什么，谁知道呢。会不会是我们过于愚昧和欠缺探讨的学术精神，导致我们不能理解中医的伟大？会不会如果我们尝试去用中医的视角思考了之后，就会引发重大的医学突破？这些答案我们现在都不知道。

可惜的是，没有一个医学界的“爱因斯坦”注意到这个问题。我们看到的现实是，中医理论依然长期浸泡在玄而迷幻的色彩中，却又缺乏勇于继续探索终极结论的决心。纵使可能有着超越千年的伟大先见，却也只能在越来越多的被猜忌被误解的声浪中孤独的像一个虚假的传说。

4 谁脑子有病?

如果有一种病可以拿来侮辱人，那就只有精神病了。这种现象的普遍以及“深入人心”，几乎达到了人类共识的程度。为什么人们会把这样一种疾病当作一种侮辱他人的方式呢?

因为和其他病患不同，精神类疾病患者所表现出的症状并非身体的缺陷和生命活动能力的减弱，而是有异于正常人的思考及行为，在他们沉默的时候，你并不容易看出其与正常人的不同。这样的特点更让人容易把他们当作另类或者人格低下的正常人，而非患者。所以，人们自然也就很容易用精神病来侮辱自己认为另类和人格低下的正常人了。

除此之外，人们也喜欢恐怖化精神病患者，从有着让人作呕的爱好、心理变态到人格分裂的连环杀手，人们眼中精神病患者有着近乎天然存在的邪恶人格。于是，精神病患者成了现实世界唯一可以不必同情，甚至可以冷酷讨伐的病人。同时，人们也是惧怕精神病人的世界的。大多数涉及精神病院描写的文学作品、电影、电视，都几乎无一例外地将其描写成恐怖、阴暗、被隔离遗忘、充满着各式各样冰冷的惩罚措施的地方，仿佛那里是一个被遗忘了的依然存在着的集中营。人类的厌恶和恐惧虽然矛盾，但是都能说明一个问题——人类面对一个精神世界已经崩塌的同类时，所表现出的只有不解和不知所措。

其实，不知所措的还有医生们，尽管这是个从古至今就有的病症，却至今找不到100%有效的治疗措施。就在距今不到100年的20世纪初，直接下刀切除大脑的前额部分仍是当时主流的治疗重度精神病的治疗手法，切除大脑前额部分所能带来的疗效不过是因为大脑脑细胞的信号传导速度降低，由此降低了过度和不适当的精神病行为的发病概率，但有着严重的后遗症。我看过一个关于精神病治疗的科教片，其中，一位接受采访的80岁老人，曾在20岁的时候接受过大脑前额切除手术。根据她的叙述，她被医治好了精神病的代价是丧失了近60年的记忆。一个人如何面对从20岁直接断档到80岁老人的零散人生，是我们无法想象和承受的。而今天，尽管不再使用如此恐怖和副作用强烈的治疗手法，但是药物控制脑细胞信息传递的本质原理却没有得到多少突破。

那么，很自然的一个问题，精神病患究竟为何如此难以医治？面对这个单纯的问题，却很难找到单纯的答案。因为这不仅仅是由于人类对于大脑的研究程度不够所引起的。除去外伤性质的精神病因，人们甚至对其他导致和诱发精神疾病的原因都没有完全搞懂，特别是心因性的精神疾病。据研究压力和精神刺激是主要诱发原因，而什么样的刺激、多大的压力才足于使人心神癫狂？没有人知道。有人面对妻离子散尚能坦然处之，有人小小挫折便落下心理疾患，你可以推卸给个性问题，但是却同样找不到解决的策略。

无论是中医强调的“心病需心医”的观点，还是以弗洛伊德的理论为基础的精神分析学，都将治疗心因性的精神病患方法制定为沟通治疗。但是，就像弗洛伊德在初刊发表的论文中数次强调的那样，对人精神世界的剖析研究不会像其他任何自然学科那样轻松，因为这个领域的特殊性注定缺乏必要的验证和同定手法。

弗洛伊德道出了心理学以及精神治疗的窘态，然而存在着窘态的绝不仅仅是学术研究本身。作为在高强度高速率运作的现在社会之中生存着的我们，诱发精神病患的压力和刺激并不稀缺，甚至可以说种类繁多，处处可见。研究称，都市人口中40%的人存在着不同程度的心理疾病或者心理疾病的征兆。当然，你可以说这只是心理疾病而已，距离精神病的恐怖世界还很遥远。更别说我们对于西方文化中倡导的心理治疗犹似小资生活一般的印象存在着了。但是，任何国家的精神疾病的研究者都无法否认，在学术上，心理疾病的定义便是轻度的心因性精神病患。或许你把看心理医生当作宣泄内心的享受，当作中产阶级的奢侈生活艺术，甚至当作偷情的完美借口，实际上，这不是什么值得夸耀的事情。

当然，不可否认的是，在我们的文化中，心理疾患和精神疾患有着绝然不同的印象。如果你对一个人说你存在着心理病患，对方会同情你，开导你；而如果你对一个人说你是心理变态，对方估计可就不能再那么笑得出来了；而当你直接宣称你有精神病，估计对方多半会吓得逃跑了。虽然，我们并不知道这三个程度之间的明显区分线，不知道“疯”到什么程度可以算是精神病患者，什么程度还只是可以行走于社会，沉默于人群的心理疾病患者。所以，这样思考起来，或许我们都不能对于自己是否是正常人抱有太大的自信。

而另一方面，我们也看到很多心理疾病患者和精神病患者具有某一方面的过人的天赋。我看过出自精神病人之手的美丽而富含深意的画作，你无法从那画作中看到和精神病人之间的任何联系。更不用说好莱坞的著名影片《雨人》中所描写的那个患自闭症的天才算数家了。很可笑的是，或许在我们眼中，“雨人”是一个疯子，而在“雨人”的眼中，记不住所有电话号码和算不出散落一地的火柴总数的我们都只不过是些傻子也说不定呢。于是，我们看到“雨人”，我们可能会说看到了一个疯子，而在“雨人”的世界里，除去自己外的所有人都是傻子，那么，到底是谁更有资格嘲笑他人呢？

而且，如果我们依旧沿用前文中提到的普通共识的行为有异于大众即定义为脑子不正常的精神患者群的话，那么口齿不伶俐、沉默自闭的爱因斯坦和那些行为癫狂的艺术家们则更会彻底颠覆和模糊我们对此的区分界线，并且集体向我们质问一个问题，谁的脑子才有病？

5 大科学时代

科学发展史有一个有趣的阶段分法，是以第二次世界大战为界。第二次世界大战前的科学研究和第二次世界大战后的科学研究完全不是一个级别。第二次世界大战前的科学研究多半还是属于科学家的个人事业和目标，而第二次世界大战中大量新式武器的投入运用，很大程度上左右了各国战局的结果。这场全球范围的战争从一个侧面上成为了各国科学研究实力的对决。这使得人类认识到了科技可以释放出的力量。以军备竞赛为首的科技实力竞赛从此走上了历史舞台，科学也因此一跃成为国家发展所捆绑的对象。

开始于 20 世纪 60 年代的美苏冷战则进一步将这个现象扩大化。科学研究不再是部分科学家的个人“兴趣”，它成为了国家层面的目标。庞大的资金投入，完备的人才培养，科学进入了另一个绝对的膨胀发展期。它有利的一面当然是我们今天看到的结果，人类的生活得到了翻天覆地的变化和改善。但同时，这也促使科学拥有了更大的野心。科学开始越来越信奉自己的无所不能，只要有足够的资金和资源提供，它可以完成任何难以攻破的难题。因此，科学学会了讨好能够提供这些资源的“股东”们。“宇宙开发、新型武器、攻克绝症、人工智能”这样的命题永远比攻克一道数学难题或命名了一条新发现的鱼类之类的课题更吸引科学家们的追逐。因为这背后是巨大的经济效益，无论结果如何，它都更能吸引提供研究资源的“股东”们的注意。

美国一年在宇宙开发相关的领域投入的研究经费高达数十亿美元，这毫无疑问地促使了美国的宇宙开发相关的领域处于先进的水平。但这个数字也相当于数个甚至可能是数十个中小型科研项目的研究经费。不管“股东”们显得多么阔气，他们的“钱包”也不可能永远都是鼓的。一项科学研究的膨大，所牺牲的必然是其他课题甚至是学科的发展机会。

所以，科学内部也在进行着惨烈的优胜劣汰。

而这些最终的结果是，从外部看来，科学始终朝着未来健康蓬勃地发展着，并以改善人类生活为终极目标。但事实上，科学研究和资源投入紧密捆绑，内部的优胜劣汰直接在内部摧毁了科学的平衡发展。显然这种不平衡最终也会影响到科学工作者个人的命运，一些学科变得门庭若市，成为炙手可热的被追捧者，而另一些学科则连是否能寻找到合适的后续人才都是问题。

然而，从宏观角度上来看科学的发展，今天科学又有了新的发展轨迹。越来越多的跨界和多学科合作的科研课题出现了。而且，这样的趋势越来越明显，我们常常能够看到三个以上的可能原本完全无关的学科研究者坐在了一起，开展了一项共同研究项目。这样的合作和融合，一方面当然是课题本身的复杂性需要，而同时，这也是战后 70 年科学膨胀发展的结果使然的。当一个学科获得了越来越多的资源，并且接下了一个又一个庞大而复杂的使命的时候，最终势必会触及到这个学科无法独立完成的一面。

这是个大科学的时代。

它的字面意义令人欣喜而充满了这个时代必要的乐观气息，同时也表现出了这个时代科学膨胀的野心。多学科的合作模式成为流行趋势，它的积极意义是给予了那些曾经被热门学科排挤了的学科一线的生存空间。而它的另一面也使得这些被排挤的学科成为了真正的附属。

多学科的思维大大地拓展了人们开展庞大复杂科研计划的可能性。同时这让背后的人力物力更加疯狂地成倍增加。然而多学科的智慧并不能保证大科学时代一直一帆风顺。失败的代价是惨重的，开端于20世纪80年代的美国超导加速器研究计划（Super conducting Super Collider，简称SSC）在美国得克萨斯州建立了周长86.6千米的超导加速器设备，内部面积超过了东京市区的面积。当时集结了数个科研机构的从物理学到动力工程学等数个学科的科研人员参与。该计划曾是美国宇宙发展计划的重要一环。首期投入资金就高达60亿美金。之后的资金预算仍旧一路狂飙，最终因为大大超出了美国政府对于该项目的承受能力，于1992年终止。而在终止之时，所建造的基础设施实际已经花费了20亿美金左右。

多年来，该项目的失败一直作为各国政府以及科研机构对于大科学研究项目的反思事例被广泛讨论。抛开技术层面的原因，当一个庞大的科研项目被设立出来的时候，谁能作为客观审查其可行性的判断的标准。特别是在这样一个多学科合作机制下的大科学时代里，一个庞大而复杂到多学科才能完成的项目，任何一方的专业人员也无法有足够的知识和经验评估风险。

诚然，我们不能让科学止步不前，但缺少可控边界同样也是令人担忧的。特别是在国家意志主导科学发展方向的大背景下，我们不得不对科学的现状保持足够冷静的观察态度。其实，将科学界看成一个生态系可能会更好理解这个问题，多样化的发展环境才能真的使这个生态系保持着良性的平衡。

6 药品的竞选之路

一个人从萌生从政的念头，到登上总统就任宣誓的讲台需要多久？5年？还是10年？没有人知道确切答案。我们知道的是这中间的过程充满艰辛和挑剔。理由很简单，我们需要寻找和选取出一个最优秀的总统出来，因为这关系着国家每一个人的命运。“命运”是一个很沉重的词，人类在面对事关命运的问题上都是倾向于慎重再慎重的。于是，面对另一个关系个人命运的问题——医药品的选拔，人类也是同样挑剔的。

只不过，和竞选总统不同的是，医药品的竞选并不公诸于一般大众。但是，这不代表这不是一个漫长而艰辛的过程。一种新药从发明到上市通常需要6-8年的过程。这中间需要通过层层选拔和药效测试，还有被其他“竞选者”淘汰的可能性。像选取总统一样，人们只希望看到最优秀的存活下来。这是一个让人放心的机制，不是吗，没有人愿意看到救命良药成为谋杀生命的凶手。然而，这里却有一个我们忽视了的问题。在长达6-8年的“竞选”期中，无数等待着更有效药物治疗的病人们可能病情恶化甚至死去。他们在等待的不是特效药难以被创造出来，而是等待着最后一双质疑的眼睛认同那个可以医治他们顽症的新药。而且不仅仅只是审查的周期，严格的实验标准使得每5000个新开发的药品中只有千分之一的比例能够进入最终的审查。也就是说围绕着新药审查，无论是对于开发新药的科学家们还是等待治疗的患者，大多数的希望最终都会落空。这是轻松地坐在电脑旁，轻易地点头称赞这个严格的药品审查机制的我们所无法了解的痛苦。

和竞选总统不同，药品的背后是生命。

有不满自然就有反抗。在审查机制最为完善和严格的美国，从艾滋病到癌症，由患者和亲属组成的团体每一年都在和作为药品审查机构的食品药品监督管理局（Food and Drug Administration，简称 FDA）进行着拉锯战。拉锯的焦点无非是某一种药品能不能更早上市。这是一个十分沉重的话题，却也是一个难以调和的问题。科学家们研究药物，审查者检验安全性，患者们等待治疗，关连的三方各有各的视角，各有各的难处，既不能说病人应该闭嘴等待药品的漫长检验，也不能抛弃安全性检查致万千生灵的性命于不顾，而科学家就更不必说，严肃的世界容不得圆滑和窃巧。就在“三方”对质、互相抱怨的时候，我们不得不看到另外一个更为焦心的事实。

美国的 FDA 审查标准程序有三步：（1）选取 20-80 人进行投入量和副作用的测试；（2）选取 100 人进行药物有效性和成本，以及短期副作用的测试；（3）选取 1000 人对该药物的有效性、安全性进行测试，并且跟踪其长效副作用。这就是漫长的审查机制的实体过程了。但是问题在于，这千人的测试结果真的能够作为一个药品安全性的凭据么？没有任何人可以保证第 1001 人会延续前 1000 人的药物反应。并非我吹毛求疵，因为这里边可能存在着个体差异、病理差异甚至人种差异。我们的身体不见的就会认同 1000 人的测试结果，它只会客观地反映身体对于该药物的“感受”。也就是说，这个看似严格的审查也无法带来 100% 安全的药品。

当然，阅读这篇文章的大多数的人和 FDA 的审查标准并无太大关联，因为药品作为一个特殊的商品，从来没有实行过全球统一标准这样简单的概念进行规划过。也就是说美国的 FDA 只是美国的药品“竞选审查团”。这也就意味着，即使美国 FDA 审查通过的药物，在你所在的国家里可能依然是“不合格”产品，甚至是“毒药”。但是，同理，FDA 审查不通过的药物可能在你生活的地方被广泛而毫无顾忌地使用着。但是，我们不能批判任何一方，因为没有证据证明谁的标准更正确。叫作维生素 B17（Laetrile）的药是个很好的例子，维生素 B17 是一种在 20 世纪被某医药公司发明的癌症用药，当时除去未通过美国 FDA 和日本审查机构的审查外，被广大国家所欣然接受。结果造成了大量中毒事件的发生。这个事件揭示出了很多问题，首先就是全球标准不一的审查机制下所带来的不同结果，其次，我们也可以看出药品安全性出现问题将会带来什么样的后果。所以，有人重视 FDA 的审查结果，我可以理解，因为 FDA 的确是世界上最为严格最为规范的药品审查机构；有人无视 FDA 的审查结果，我也可以理解，因为以美国人的体质标准进行测试的实验结果究竟能反映多少身为中国人的你个人使用此药的后果，不得而知。

近年来，我们也时常看到某种药突然被发现了毒性问题或者副作用问题而导致下架。其实，这些事件背后未必就是像我们猜测的是因为该药品公司的不规范或者“黑心”等内幕导致的那样，可能就只是因为在审查的过程中并没有发现那么严重的问题，而在此之后，通过实际长期服用才显现出来问题。当然，我无意为任何药品公司辩解，我只是想说明，这就是药品市场存在的可怕问题。其实什么理由都不重要，重要的是这背后承担药品安全性问题所带来的严重后果的一个个生命的健康。

这就是医药产业最大的尴尬。既缺乏让世界各国完全接受的审查机制，又不能在保证药品安全性的同时，却还必须要满足每日无数在痛苦中挣扎的患者们的要求。标准不一，各自为政，在这个最关系到人类本身的科学领域，其实却最让科学束手无策。因为这不仅仅是科学可以解决的问题。药品在作为一个特殊商品诞生的那一天开始，便始终被各方力量所拉扯着。我们期待更为妥当的审查标准，我们也期待更快地完成审查，更期待不再有药物的安全性事件的发生。但是，当我们回头看我们这些期待和希望时，却发现它们困难地近乎驳论。于是，我们可能更应该思考的一个问题是，我们到底该期待站在竞选台上的药品们给我们带来些什么呢？

7 预知未来的魔镜

不管你相不相信那些玄学理论预测未来的结果，你得承认，人终其一生总会有这么一个时刻产生好奇自己未来命运的探索欲。不过，探索自己的命运，已经不再只是折射着虚幻面纱的玄学专有了。我们伟大的生命科学，至少可以帮助你得知一个方面的未来命运，你可能会在未来的数年里患上什么免疫疾病。完成这一神奇使命的就是，预测免疫系统疾病的技术。

显然，你有必要先知道什么是免疫系统疾病。众所周知，我们能够在充溢着细菌和病毒的环境里生存，得益于我们完善的免疫系统。但是像其他任何器官和组织一样，免疫系统也会产生问题，一旦免疫系统里的细胞和分子产生了问题，原本保护人体的免疫系统的构成因子就可能转戈倒向人体本身，攻击人体各个组织。和癌症一样，这种内部系统的构成因子的突然“敌变”，给人类带来的伤害是极其严重并且难以治愈的。

但是免疫系统疾病并非少见的怪病，由于病变的组织和因子不同，免疫系统疾病可细分为种类众多的疾病。比较著名的免疫系统疾病有多发性神经硬化、I 型糖尿病（胰岛素依赖型）等。特别是 I 型糖尿病的病理解析极具有代表性。1970 年，Willy Gepts 通过解剖 I 型糖尿病患者尸体发现了淋巴球攻入胰岛的迹象。这是典型的免疫系统“自我攻击”的典型表现之一，可以充分证明 I 型糖尿病的确属于免疫系统疾病的一种。

当然，必须承认，包括 I 型糖尿病在内的许多免疫系统疾病目前还没有有效的治疗方案。所以，这就使得现阶段，预测免疫系统的恶性疾病要比治疗更为重要。那么，怎么预测呢？原理很简单，利用免疫学最基本的原理——抗体。人类的免疫系统会对任何外界侵入的敌对因子进行标示，这个就是抗体。即使是人体自身原本存在的因子，也会因为“倒戈”而被追记标示——产生相应抗体。而且据研究，人体会在免疫因子最早“叛变”的时候就注意到并且产生抗体，甚至是发病前的10年之久。那么也就是说，如果我们去测试人体内有没有自我免疫系统因子的抗体存在，就可以推测出人体是否存在患免疫系统疾病的潜在危险。

10年时间，是一个很漫长的过程，让我们有足够的心理准备迎战一种疾病的到来，甚至可以通过保健和其他手段延缓病症的发作也不是不可能。而如此神奇的预测，只需要提供你的血液，通过特殊的机器来同定各种病患的特有抗体就足够了。这让人多么兴奋阿！人类终于开始通过科学的手段来窥视未来的秘密了！

但是，别高兴得太早。神奇的东西总是伴随着各种问题。首先是抗体问题。尽管我们知道了这个理论，但是实际上想要了解哪一个因子才是某个免疫疾病的抗体是件十分困难的事情。通常的方法是需要追踪大批先行病患试验者才能最终确定他们体内共有的某个抗体，且不说时间长短，仅是所需的人力和财力就足以让许多研究机构退缩。这可不是单凭着对科学的一股热情的科学家能够单独处理的问题。其中的风险，不言而喻。

但是，依然不能低估人类的耐心和坚强的意志，总是会有财大气粗又心怀普救众生的慈悲心怀的组织敢去完成这样的历史使命。事实上，美国、英国，都有研究机构在虽然缓慢但是坚持不懈地研究着这个硕大的命题。虽然，作为商业性的投资行为，他们有着他们的小算盘，但是毕竟是有人去做这件困难事了。而且，我得承认，我们需要祈祷在他们身上看到曙光，相信这单纯的困难是可以逾越的。前文提到的I型糖尿病就是抗体研究进展比较顺利的一个病症。目前，关于I型糖尿病的抗体，人类至少已经掌握了两种，并且能够通过这两种抗体的测试推断出 60% 左右的病症可能性。预测未来的“魔镜”越来越触手可及了。

但是，显然当伟大的技术不断完善的同时，另一些问题也浮出水面。假设真的有一天可以推断出任何人任何免疫系统的病患，那么这意味着你将知道你未来 5-10 年内是否将遭受疾病侵袭。或许你会为了未卜先知而感到庆幸，或许这也可能成为你严重的心理负担。但是你有没有想过另一个问题，如果到时这些病症依然属于难治之症，你还能因未卜先知而心存庆幸吗？背负着一个 10 年内必然爆发的炸弹，并且尚没有办法躲避，你还如何轻松生活？每一天躺下，都不知道第二天醒来是否还能活动自如，是否还能嗜甜如命，是否还能够继续正常人的生活，这将是如何折磨意志的人生呢？

当然，满怀着乐观态度和对医学研究绝对的信心的你或许真的并不会被这样一个现实所击败。但是，你周围的人可不见得有你这么坚强。不仅是你的家人，还有周遭的有一切关系的人们，他们未必都是报以同情，那可能也会是鄙视、歧视。我不是说人性有多邪恶。一些情况非常普遍，你的同事可能在不了解这种病症定义的情况下疏远你，你的上司和面试你的考官则更可能因为你潜在的健康因素考虑你是否适合成为他们中的一员。你觉得我夸大其词了吗？那么，你能够毫无顾忌地和身患艾滋病或者癌症的患者热情握手拥抱么？尽管这样的接触并不能给你带来什么。

这就是我们这个社会的尴尬之一，有时候，提前知道一件事情还不如毫不知情，即使知道能给你带来好处。而另一个尴尬在于科学的不确定性。心细的你大概注意到了上文中关于几乎已经技术成熟了的 I 型糖尿病的测试情况，60% 的确诊率。那么，当你背负着心理、社会等诸多压力并且不得不痛苦地持续关注 I 型糖尿病的研究、发展、治疗信息长达 10 年之后才发现自己是侥幸而又讽刺的 40% 误诊例，想必到时你的怒火要比庆幸多。可是你并不知道该对谁发火，因为从来没有人告诉你你是 100% 得病的人，只不过你看重了那个 60%，看轻了另外一个 40% 罢了。而且事实上你也不该发火，没有人能够因为自己发现没有得病而发火，不是吗?

可这就是科学，它不懂得人情世故，不懂得精确客观的百分比背后所影响的一切，也不知道提前 10 年得出诊断会给人们带来什么。可惜，人类虽然聪明，却依然无法准确理解来自科学世界的信息，更不可能在面对科学世界的数字时始终保持冷静。当然，或许这并不是重点。重点是，看完了这一切问题的此刻的你还拥有多少窥视未来的好奇心去面对这样一扇来自科学世界的“魔镜”呢?

8 生病的农田

生活在这个时代的人们其实是幸福的。至少，我们没饿过肚子。我们并不能明白灾荒战乱年头里，挖草根吃树皮是怎样的场景。不过，你得相信一个事实，这一刻，地球上还有至少 8 亿人也完全不能理解你为什么会这么认为，因为他们依然挣扎在饥饿的生死边缘，要知道，饿殍千里的场景从来没有从这个世界上彻底消失过。

其实，世界每年的粮食产值足以养活世界上所有的人类。之所以依然存在如此庞大的饥饿人群，则是有着方方面面的原因的。这些饥饿人口大部分集中在非洲和亚洲，除了自然环境条件，技术落后造成的粮食歉收的原因之外，政治体制、历史因素依然是造成饥饿人口的最主要原因。显然，这些都是很难解决的东西，人类世界里，任何掺搅历史、政治原因的事情都是难以轻易解决的。于是，在科学进步、粮产稳定的这个时代，我们只能看到这样诡异的局面：一边大部分国家的人们肥胖症成灾；一边另一些国家的人们骨瘦如柴，无法获得基本的营养保证。

当然，人口增长也给粮食供应带来了极大压力。这个问题，离我们就不再遥远了。中国，这个世界上人口最多的国家，尽管身为国民的我们也属于担心肥胖，而不是担心何以果腹，但是 16 亿张吃饭的嘴也不是那么容易满足的。不要再信奉地大物博的自负观念了，地虽大，物虽博，灾害却也不断，耕地也在减少，而人却不能不用吃饭。所以，中国以及印度等人口大国之所以能够解决粮食问题，其实主要得益于大量的粮食增产技术。

远不必说伟大的“杂交水稻”，广泛利用于这两个国家的农业上的转基因技术（Transgene technology），着实给粮产的稳定起到不少作用。

转基因是个什么“手艺”？不见得每个人都能讲得明白。生物词典上的解释是：将人工分离和修饰过的基因导入到生物体基因组中，由于导入基因的表达，引起生物体的性状的可遗传的修饰。词典很不厚道，摆明了让大部分群众看不懂。实际上简单来说，就是通过改变植物的基因特性，来剔出植物本来具有的那些柔弱的特性，例如不抗旱、怕虫子、怕农药等等，当然也可以是原本不够饱满、不够强壮的体形变得更加饱满和强壮，总之，变成植物中的“强者”。

但是，这些看起来和原来的物种并无区别的“人工制造生物”很快就会引起一个显而易见的担忧，这些原本自然界并不存在的植物安全么？会不会引起人体的某些不适或者病变呢？实际的情况是，也许不会。这是现阶段能够回答的最客观的答案。为什么说它不会呢，因为从转基因农作物投入实际生产之后，由联合国负责全球监控的资料显示，尚未有因为食用转基因农作物而对人体造成危害的报告。但是，我们也只能说是“也许不会”。因为还没有出现任何问题不代表以后一定不会出现问题，而且也没有任何科学理论可以证明转基因作物一定不会对人体造成任何伤害。

正是因为这样的现状，全球关于转基因的态度就是一边强调它的实用性和价值，一边民间不断有通过各种方式进行抗议的人士和团体。当然，从科学的角度上来看，我们目前还不能说应该支持哪一方。但是，却应该警惕一个问题，这就是双方的对峙越来越激烈，可能会导致任何一方通过捏造和隐瞒事实的方式达到各自的目的。这是非常有可能发生的事情，因为我们都可能因为“斗争”的激烈而忘记了“斗争”的目的，我们会拒绝相信对手提供的任何让我们信服的证据。那么，结果可能是我们终将会无法得知转基因作物所带来的真正影响和安全性。而这才是最可怕的。

而另一个方面，我们的确也需要对转基因作物保持一些谨慎的态度，因为虽然它还没有显示出对人体产生什么影响。但是，转基因作物的出现，显然对于环境并不友好。这种生命力旺盛的“人工合成品”，对于周边共生存的其他生物会造成不同程度的影响。植物自然不必说，大部分生存竞争力不如转基因作物，而由于极其抗农药（或者抗虫），也将极大地改变农田生态环境的食物链。不得不说，转基因作物的确给生态造成了危害，尤其是通过人类农业的大面积推广，更加大了它的破坏力量。

那么，既然一个必然对生态存在危害且被怀疑对人体存在影响的技术为什么依然在使用呢？对于这个，我只能说我们需要回顾一下文章最初所讲的那些问题了。那些依然挣扎在饥饿线上的人类，还有我们依然不断增长的人口，解决或者说缓和这些问题，需要依赖转基因技术所带来的增产。是的，我知道你开始觉得人类自私了。我也这么觉得，但是，去看看那些饥饿的人们可怜的眼神吧。在我们解决因政治、因武力甚至因为生产技术而导致的贫穷和饥荒之前，在我们寻得更为妥当可以两全的技术之前，我们不得不容忍让人担忧的转基因技术依然被使用，甚至继续被推广。

其实，这也是为什么当初科学家们去研究这种技术的唯一原因。尽管，我们不得不看到的一个问题是，大部分存在饥饿人口的国家至今也没有能够使用这些技术来增产粮食。因为，技术本身也是需要国家的政治稳定、经济富裕来支持的。科学家的初衷再一次在现实中偏离了航道，没有人知道什么时候如何能够解决这一问题。又或者，我们不得不承认，可能当那些国家解决了经济问题的时候，也根本不需要转基因技术就足以养活起他们的子民们了。

转基因技术是不是一个原本就欠缺考虑的技术革新？面对今天的局面，我们不得不质疑这个问题。而更让科学家和一般民众痛心的是，一些企业甚至利用了转基因种植需要配套养料和杀虫剂，以及多代后转基因特性消失等特征来制造销售垄断，从而谋取暴利。这个结果，让这些企业从最致命的粮食问题上控制住了对其存在购买依赖的国家，转基因，这个原本用来拯救饥饿现状的技术，成了左右政治的工具。

我们可爱和单纯的科学家们，一定没有想到过这样的局面。面对这个世界，我们有时候真的不知道该把愤怒和抗议宣泄给谁。一边是饥饿的人群，一边是肥胖症密集的“城市病”人群；一边是依赖转基因养活国民，一边是发达国家的弃用和环保人士的抗议；一边是政治导致贫穷，一边是用科技控制政治。

这是一个怎样该死的世界呢？

9 牛排的蝴蝶效应

一块上等的牛排摆在你的面前，铁板发出吱吱声响，滚烫的肉汁沾满肥厚的牛排表面，香气扑鼻。你迫不及待要把它消灭掉了吧？但是，你知道吗？你的这顿美餐，可能促使下一场新型流行感冒的爆发。你不必吃惊，我知道你想说，这怎么可能，我不过是吃一块牛排而已，这个世界上不知道多少人和我一样呢！当然，你说得没错，在目前这个时代，吃一块牛排并不是什么稀奇的事情，也正是因为如此，世界上此刻肯定还有很多人和你一样，在某个温馨浪漫的餐厅面对着一块热腾腾的牛排。你们都是如此普通，面对一次不错的晚餐，并不会想到自己和这个世界，甚至和面前的这块牛排的联系。

而实际上，之所以我们能够如此轻松和随意地吃到一块嫩滑的牛排，全依赖全球发达的畜牧业的供给。成群的牛被人们饲养起来，并且随时等待被屠宰，肢解，发往全球各地，被各个商家购买、包装、烹饪，才最终成为我们的盘中餐。尽管人类进入了历史上前所未有的人口爆炸期，仅就食物的丰盛度上来说，特别是肉制品，却也比历史上的任何时期都要容易获得。这全得依赖人类高度发达的科学手段，畜牧业蓬勃发展，牛变得更健壮，生长得更快。对于始终没有摆脱偏爱肉食饮食习惯的人类而言，尤其在全球有着 60 亿人口的这个时代的人类而言，这样的科技进步实在是太重要。

这是好事，不是吗？这让我们吃得更好。现在，在全世界几乎每一个国家都可以寻找到大型的为人类提供肉食的动物饲养基地。面对不断膨胀的人口和丝毫未减的胃口，人们必须采用这样大型的集中地饲养方式，以便统一管理、统一饲养，当然也可以提供更多的肉食。相信我，这些大型的饲养基地里的动物可不如你的生活那样舒适，他们成群地挤在一起，即使有隔离的独立空间，那也狭小而拥挤。人类只想要利用更小的占地空间提供最多的食物，商业嘛。当然，牛羊们并不会抱怨，但是这会造成一个严重的问题——传染病的猖獗。哪怕最初只是一头牛感染了疾病，也会迅速传播开来。这个时候狭小的空间和高度密集的动物群体成为细菌和病毒最好的传播条件。

不过，大多数时候，人类并不会警觉，尤其与畜牧业不直接相关的人们甚至根本不会知道哪里的饲养基地又出现了传染病，因为大多数的传染病都是牛们羊们自己的疾病。对于人类最大的影响是饲养基地主人的经济损失。掩埋、焚烧、处理掉死尸，然后清洗消毒，继续重新饲养。但是，偶尔，爆发的疾病不仅仅是只在牲畜之间传播的疾病，它也可以传染给人类。这才真正会引起人类的注意和恐慌。因为这样的疾病通常都是人类从未见过的新型传染疾病。

为什么呢？这就需要了解病毒的一些特征了。病毒自身无法繁殖，只能借助宿主细胞进行繁殖。而宿主可能是任何生物。所以，病毒也有各种各样，不同的病毒有着固定侵入的物种和传播方式。但是病毒的结构比较单纯，大多数是由状态不稳定的核糖核酸（RNA）构成遗传物质的，变异的概率很大。所以，病毒经常会因为宿主身体内的微细变化，或者其他近似特性的病毒混合变异成新的病毒。

于是，在我们牲畜拥挤的饲养基地里，原本只会在牲畜之间传播的疾病，可能会因为先感染了人类身体的病毒，然后在牲畜身上合成出新的病毒，成为人畜通杀的新型“杀手”，而更关键的是爆发的任何新型传染疾病都会缺少对应的有效药物，有些爆发多年后依然无法合成出有效药物。不要认为这是我推论出来的假设。事实上最早可追溯到 1918 年出现的 A 型流感，多次变身，其间就是在猪的体内产生了变异的。而这小小的 A 型流感，平均每 10–15 年在世界部分地区爆发，不到百年间至少已有 3000 万人因其而丧生。

显然，我并不是第一个注意到畜牧业和新型流感之间不可回避的关联的人。事实上，科学家们早就开始注意畜牧业对于传染病流行所带来的连锁效应。并且也采用各种方法来试图监控畜牧业，尽力避免可能出现的下一个爆发的新型流行病。这包括改良饲养基地的卫生条件，甚至推想新型变异病毒的分子结构，并提前设计相应药物，利用转基因技术来调控牲畜的身体抵抗力等等。更有细心的科学家发现，由于人类长期挑选动物中更适合作为饲养对象的亚种，导致被饲养的牲畜的基因型单一化。这也是造成动物们在面对传染病时“一损俱损，一荣俱荣”的主要原因之一。但是，显然增加其他亚种的牲畜又会降低肉食本身的质量和效率。所以，这个方法虽然考虑细致，但是却很难被推广。然而，在科学家们如此尽心尽力地思考对策的同时，依然不时听到新型流行病爆发的消息。这极大地打击了科学家们的尊严。

要知道，原本传染疾病就是“上帝”用来控制任何物种过度密集、过度膨胀的有力手段之一。人类并非在对抗病毒，而是在对抗自然调控的法则。科学家们以攻破某新型传染病为奋斗目标，畜牧业以看到被控制的传染局面为终极期盼。没有人会去想这样的畜牧方式是否需要更改。道理显而易见，人们无法想象被遏制的畜牧业会带来什么。个人需要美味，农场主需要收入，国家需要经济活力，没有人希望看到拥挤的牛羊群数量减少。

爱德华·罗伦兹（Edward Lorenz）在 1963 年提出了著名的蝴蝶效应（The Butterfly Effect），这个原本作为气象理论的说法，现在被广泛运用于解释各种复杂庞大系统的宏观观象。它指在一系列相关的事物发展中，起始的微小因素会通过关联事物不断地推进，而对最终结果造成极大的影响。关于这个理论，科学界尚存在极大的争议。但是，我认为这个混沌学理论给我们提供了一个全新的视角，让我们学会关注一个庞大系统中微小的因素。于是，当一个人轻松地点了份牛排套餐，餐厅的储藏又缺少了一份，之后饭店开始根据顾客点餐的规律，为自己下个月的定购制订计划。然后，一个电话将决定某国某畜牧基地的某一头牛的死亡日期。一头牛被杀掉，会有更多的牛被填补进来。然后整个畜牧业的产业链依然会保持着生机，默默地发展着。而有一天，你会在报纸上读到有一种新型流感在某地爆发，而你，一定想不起你吃的那顿沾满滚烫肉汁的牛排大餐。

10 被辐射的生命

2011年3月11号的日本地震让每个人都恐慌了一阵。不仅是因为地震本身，更重要的是地震引起的海啸给毗邻海岸的福岛核电站带来了致命的创伤，使福岛核电站一度陷入核泄漏的危机中。这使得不仅仅日本，每一个毗邻日本的国家的人们都恐慌不已。和我一样的大多数人对于核电站的构造和安全机构并不了解，虽然网络上一时间出现了大量关于核电站分析的文字，这依然挡不住人们担心核辐射的心理。在人们看来，对于那个给人们提供电力的“家伙”的印象，只不过是一个暂时被控制在牢笼里的魔鬼，它和它的近亲——核武器之间的区分并不大。区分大不大，有多大的区分，这都不是我能够解释和想要探讨的问题。

我想要探讨的问题在于，核辐射会给我们带来什么？

其实，我薄弱的物理知识告诉我，核辐射，或者说放射线现象，普遍存在于各种物质中。放射线属于物质间原子核的能量或者特性转换时放射出的一种粒子流。天然的放射线主要来自于太空、地球表面物质等等。这就是说，我们本来就生活在放射线的世界里，只不过放射量极其微弱，对人体并无过多伤害。当然，也正是因为这个原因，地球才能够成为生命的摇篮。而近代原子核物理学的发展，才使得我们的生活中出现了人工的放射线源。当然，除了“原子弹”属于危害人类的东西之外，其他的都是为了人类的生产生活所设计的，包括现在成了被众人质疑的核电站。

那么，人工制造出来的放射线，由于用途需要，自然要比一般的自然界的放射线威力强大许多。恰恰也是因为这个，才使人意识到了放射线可能对人体造成的危害。不过，人们通常都还是将放射线控制在人体能够承受的范围之内。那么超出人体承受范围的放射线会对人体带来什么危害呢？这是我比较能够回答的问题。因为作为生物学研究者，如果我们需要一个基因遭受破坏的细胞，或者患有白血病的实验小白鼠的话，最简单的办法就是利用放射线照射使其细胞产生变异。其实，像治疗癌症的放射线量其实已经严重超出人类正常的承受范围了，人们正是利用这超出范围的威力来杀死癌细胞的。

不过，如果瞬间受到高倍数量的放射线的辐射，就不仅仅只是会加大DNA的损伤，使细胞变异这么简单了。比如，你和放射源很近，或者干脆把放射源放在了身上。千万别觉得我说的这个是什么夸张的例子，曾经就有人捡到工厂失落的放射源金属，并且当作玩具放在了口袋里，结果身体在6个小时内就产生激烈反应，呕吐，身体表皮出现烧伤症状，皮肤和头发脱落。其实，我们去看看前苏联切尔诺贝利核电站事故的结果就可以了解到当大量放射线辐射到人体所产生的严重后果。迄今为止，因为切尔诺贝利核事故受到直接影响而死亡的人数已经累计至4000人了。今天人们担心日本福岛发电站也正是因为有切尔诺贝利前车之鉴。

而且，放射线还有一个特性是存在半衰期，这个稍懂物理的人就应该听说过。这也就是说这些放射线即使不会马上辐射到人体，或者泄漏的量不足够多也不代表着安全。因为逐渐聚集在水源、动物的身上，所以人类可能通过饮食被间接辐射。这种情况是十分有可能发生的。因为别说半衰期较长的放射线了，一般的农药通过植物、动物层层聚集造成人体伤害的例子就足以让我们知道，危害人体的物质是可以通过食物链叠加进入人体，并且浓度也会比最早你施加给食物链低端生物或者环境的浓度要大很多。因为食物链本身就是一个正立三角形的状态。大量的食物链低端生物供应着整个食物链，而生物随着食物链的提升而数量减少。

这就是说，危害可能并不会马上呈现，而像癌症（比如白血病）之类的来自于低超标辐射量的危害结果也不会马上被人发觉，这可能要等到数年之后，并且有大量的同类病例出现才能够证明这一切来自于2011年的这场核泄漏事故。这才是最令人堪忧的问题，不像传染病，每个人都带着口罩，到处消毒，分发药物，全民武装，你每天都会知道注意什么。而放射线看不到、闻不见，也不会有人突然倒下。别说多吃盐对防辐射没用，就是有用，你能数年坚持大量食用盐吗？那恐怕不用等到核辐射伤害你，你就把自己给腌成肉干了。

所以，尽管还没有任何人能够证明福岛核电站的核泄漏会达到前苏联切尔诺贝利核电站的核泄漏的程度，但是，不断渗出的放射线可能已经开始不断地污染着海水、鱼类、海洋植物。并不是辐射量的问题，而是就像前文中所叙述的那样，食物链的叠加效用加上放射线的超长期的半衰期。总有一天，包含了放射性物质的食物会出现在你我的餐桌之上。而那时，你很可能早已经把对福岛核电站的担忧忘得一干二净了。当然，或许是我杞人忧天，或许伟大的核物理学家能够拿出合理的理由解释这一切。但是，从生物学的角度去看，这样的情况让人担忧并且难以找到避免的措施。

而且，这也很能提醒我们另一个问题，之前的那些农药，金属污染的土地好了么？没有人知道。信息时代的特点是，人们永远都在关注着最新的新闻，就像核电站出现了这么多年从来没人去担忧过它，今天人们又恨不得把他们全给关了。可问题在于，就是都关了，福岛核电站依然在不停地泄漏着恐怖的放射线。所以，几乎不用去调查，大部分当年被农药或者工业金属污染的农业用田今天依然是一片绿色的“生机”。即使不在作为农田耕种，你也无法保证那里自然生长的植物不会吸引各种动物和家畜来觅食，然后食物链效应依然马不停蹄地进行着。并非关闭了新闻网页，不再有人报道，这个事件所带来的影响就会跟着消失，有时候，我们可能真的不知道生活在一个怎样危险的时代。

所以说，我们的生活从来都不缺少“辐射”，区别可能只在于是来自核电站，还是来自于被污染的农田。我们都还没有倒下，我们甚至看到了有更多长寿的人。但是这不代表了我们就是健康的，不代表了我们会一直健康着。最让人可气的问题在于，有一天你被恐怖的绝症放倒，却不知道该怪罪于谁，你不知道是一海之隔的福岛核电站摧毁了你的生命，还是被污染的农田给了你最致命的一击。而且，很多污染物质对于人体的影响我们还不很了解，这就更让我们找不到对于造成我们身体伤害的合理解释。无法找到凶手是小，无法让我们找到更改的地方和通过人体的一些病症了解到我们的环境正在遭受着什么创伤才是最让人担忧的地方。

或者，我们应该集体讨伐的是我们自己，这些都是我们人类自己发明并且运用在我们生活的每一个领域的。所以，当我们的工业和科技在用各种毒害物质摧残着地球的环境、其他生物的同时，也在不断地辐射着我们人类自己。

11 真伪之间

当我们生病之后，我们常常会遇到这样的情况，去医院看病，会拿到从医生那里开出的一大堆药。但是，除了颜色和大小的区分之外，我们并不知道每一种药都对我们起到了什么作用。当然，大多数时候我们关心的只是我们的病什么时候能够治愈，至于怎么治愈，那些药在我们的身体里是怎么“互相合作”“各自分工”的我们并不想知道。

但是，我不得不告诉你，美国 FDA 的调查结果显示，从医生手中开出的处方药中有 25%–30% 的药是不具有药理效果的伪药（placebo）。不要吃惊，就是这么回事，也就是说，假设你每次吃 5 种药，那么，其中至少有 1–2 种是对你的病症毫无药效的伪药。那么，你一定很着急想要知道为什么？因为这些药可以提供许多精神上的效果。特别对于疼痛、痢疾、失眠，伪药可以提供让人难以置信的效果。或许你也听过一个著名的故事，一位患有严重失眠的病人从医生那里得到了一片被告知是最新研制的医治失眠的特效药片，吃完之后，病人神奇地睡着了。而实际上，医生给病人的药片里只有淀粉成分。这是关于伪药的流传甚广的故事，不过具体的出处我并没有查到。另一个事例所带来的结果更惊奇，一位医生同样用不含有任何药理物质的药片发给两个病房的病人，亲自告诉其中一个病房的病人说“这是最新研制的特效药”，另一个病房则是通过护士传达同样的信息。结果是第一个病房的病人有八成在服用药物之后出现了好转，而另一个由护士传达得只有不到三成。这个实验显示了大部分伪药存在并且被使用的主要原因。

其实伪药的英语表达 placebo 的原意是指“使我欢喜的”，严格来讲，在英语圈国家 placebo 代表的含义不仅仅是伪药，而是实质上对病症并没有直接性效果的一切医疗手段。而关于使用 placebo，并不是近年的新鲜事。最早可以查到的关于伪药和其效果的报告来自于 1956 年。而最新的美国 FDA 的调查显示，美国药店中出售的止痛类药物中的 41%、维生素中的 38%、镇静剂类中的 13%、抗生药类中的 13% 都是属于伪药。而对医生的问卷调查中，至少有 58% 的医生承认日常诊断时向病人开伪药。看到这样的数字，不得不让我们惊奇伪药的“生命力”。但是正如前文中所述的那样，如果一个不含有药物成分的伪药能够有效果，这样做又有什么关系呢？甚至，作为患者，用没有任何药物成份的药能够达到治疗的效果可能更使他们放心。没有人想把用复杂分子结构描述着的化学成份吃进肚子里，“是药三分毒”的古训也在人们的耳畔不时响起。

但是问题却并没有那么简单。首先，当伪药不再是一个秘密走入了人们的视线之后，很快持有怀疑论的人就出现了。他们不相信不含有任何药理成分的药物所带来的效果，并且指出这些伪药甚至可能产生不利于治疗的副作用。我并不赞同这个观点。如果真的是只含有淀粉，或者葡萄糖类等不具有活性成份的物质的话，何谈副作用呢？导致人们持有怀疑论观点的原因大致有两个，首先可能是意识到服用的药物是伪药，向当初不知道是伪药的情况下可以使人感觉病症舒缓一样，此刻甚至伪药存在的事实，也使人们轻易获得了这些药必然存在副作用的心理暗示导致了他深信不疑。另一个原因则是混淆了伪药和假药。也就是说，病人的确产生了副作用，而他服用的并不是伪药，而是假药。当然，未必是怀疑论者们混淆了伪药和假药，而是在使用的药品中，一部分不具有对该病症治疗效果的假药被当作了伪药分类，可能致使怀疑论者在收集资料的时候将这些数据也收录了进来。不过，这也说明了一个问题，伪药的存在危害很大。

是的，当我们看待伪药这个问题的时候，不可否认的是，一些事例的确显示通过心理暗示的方法，可以使病人在没有获得含有药物成分的药片时也一定程度上减缓了病症，但是，我们并不能确认是否是其他药物和其他治疗所带来的效果。也就是说，伪药到底有多大程度的作用尚且未知。而且，一旦放任伪药的存在，并且承认它的合理性，那么治疗的基准将瞬间瓦解。因为你不能对一个没有实际药物成分的“药物”进行评估和确定适用范围，使用多少伪药是合理的？生产伪药的厂家算不算是医药行业，病人需要以什么价格去支付这些伪药的费用等等问题都会浮出水面。而另一方面，就像导致怀疑论者出现的第二个理由那样，一些假药会趁机混入伪药的行列，并且难以区分。

事实上，另一部分别有用心的人也正在利用这个用伪药心理暗示的方法来“治疗”病人——那些声称可以治疗一些疑难病患的小医院、小企业。他们声称通过一些奇奇怪怪的方法找到了可以治愈某些世界公认的难病的方法。不管他们借助的“工具”是药片、治疗方法，还是什么古怪的机器，他们真正的内容只有一个——placebo。我们经常可以看到类似的医院或者厂家打出这样的广告，声称他们可以治愈包括癌症在内的世界主流医疗界束手无策的病症。事实上，这些病症之所以始终无法攻破有着其必然难以逾越的难点，这些疑难病症通常需要极其复杂的综合治疗方案才有希望治愈。并不是你生产个新型药物，捣鼓出一个什么按摩仪就可以治疗的。如果真的有什么医院攻克了像癌症、艾滋病之类的世界难症的话，恐怕不需要打广告，全世界的专家和学者都会慕名而来学习。所以，尽管心理暗示可以使病患减轻，但是单纯使用这个方法，不用说也不可能治疗病患。更别说尚未攻破的疑难病症了。所以，如果想要杜绝这个现象，就需要严格规范药物的标准，杜绝非药物性的伪药的继续使用。

另一方面，伪药的出现也极大地挑战了医疗本有的尊严和医患信任。一个病人来到医院看病，肯定不是因为你有伪药而来，而是认为医院秉承着科学的方法去治疗他的疾病。同理，病人接过你手中的药，不询问背后的作用并且一吞而进也无非正是建立在这种对医疗、对医生的信任之上的。甚至，病人之所以会出现用伪药病情也出现好转的心理暗示结果，不也是因为告诉了自己，刚刚吃的药很有用才产生的吗？而医生开始使用伪药，这就是单方面抛弃了医疗的神圣和病患之间的这种自然的信任关系。虽然，医生也是为了治疗病人，但是除治疗的目的之外，却也还有着其他更为重要的东西。

说到底，我们追求的改变不是真与伪，不是有效和无效，也不是信任和欺骗，我们所在乎的是医疗，这个关系人命的行业能不能走得更坦荡更规范化一些。谨慎，这才是我们面对虚弱病者时应怀有的态度和追求的目标。

12 疾病的末路

不知道人类的科技发展能不能做到有一天可以消灭疾病。我说的不是哪一种，而是所有的疾病。这的确很难，但是基因工程和各类医学分野的发展，让我们不禁开始幻想有这么一天，我们真的能够战胜疾病带来的痛苦。但是，也不排除这是一个像“永动机”一样的驳论。

那么，想要分析能否彻底消除疾病，我们必须首先弄清一个问题——疾病到底是什么。这是个不太会有人想到的问题，虽然每个人都经历过生病，但是大概不曾去探索疾病是什么的本质问题。怎么样才算是生病呢？简单来说，疾病大致可以分为两类：一是外来的致病因素造成的，比如传染性疾病；一是内在性的，比如遗传病以及细胞异常引起的各种疾病。但是，显然这样的区分并不能给我们一个清晰的关于什么是“病”的定义。中国的中医对于疾病的定义，是认为人体体内的“气”被扭曲、积压所造成的。但是将所有病症都解释为情绪，或者内在系统的不协调似乎不能囊括所有疾病的发病原因。西方医学对于病的定义更为讨巧，它罗列出一系列的人体的健康标准，但凡低于95%以下的均称作“生病”。这固然可以确保每一种人类现有疾病被准确囊括在其中，但是却无法剔陈因衰老而导致的身体体质降低。一个老人的健康标准能够保证在95%以上吗？

显然不能，但是你却不能说这个老人是生病了，或许他看起来很虚弱，但是那只是虚弱，却并没有出现病理性变化。不是吗？我们不能把一个身体衰弱的老人“抓”到医院，然后告诉他，你生病了。所以，一个并不曾被我们注意过的问题出现了，我们居然并不知道什么是病！

连定义都模糊的一个东西，又如何能够战胜它呢？大部分人并不这么认为。因为，很多时候我只是针对某种病症，而不是企图消灭所有病症，概念的不清晰并不会给这些局部性的治疗对策产生任何影响。不过，这却给我们带来了一个积极的意义。这意味着我们当今所忧患的许多“疾病”本就是因为人们对于“疾病”的定义不清而误分进来的。比如，衰老引起的器官机能性衰竭。显然，当一个医生遇到了这样一位病人的时候，依然是当作普通的病症进行治疗的。但是，对于我们探讨如何消灭所有疾病这个话题来说，这是不能够被算作疾病的。因为我相信我们即使可以战胜疾病，也无法战胜衰老和死亡。或者说，没有疾病带来的肉体痛苦，即使衰老和死亡，我们也会比现在坦然许多。所以，这应当不能作为我们战胜疾病一种去思考。

另一方面，心因性的疾病显然虽然肯定是一种疾病，但是我们是很难战胜的。因为它致病的原因很特殊——精神领域的打击。每一个人不可能一生都不遭受打击，更无法确定这种打击能够给一个人带来什么，是几天的借酒消愁，是失眠，还是干脆出现了精神分裂，甚至自杀，我们都不得而知。而我们确定的是，无论人类如何发展，也不可能做到永远快乐，或者说永远保证自己的精神世界的健康。这显然是一个哲学性的悖论。所以，也不该是本文需要考虑的疾病范畴。

那么，剔出了这些，疾病范围就缩小了许多。剩下的，更像是传统印象中更接近“疾病”的疾病了。希望我这个奇怪的说法没有使您感到困惑。或者可以这么说，剩下来的疾病都应该是可以通过技术革新得到治愈的疾病。

比如，外来的传染性的疾病是可以避免的，因为即使是今天我们也可以看到这种希望。无论是通过控制传染源，还是制作疫苗、抗体，或者是改善卫生环境，数千年来，我们对于对抗传染病积攒了丰富的经验。所以，传染病虽然具有极大的杀伤力，并且有可能产生全新的传染疾病，但是人类消灭传染病之日还是可以期待的。

与传染病以及外部感染性的疾病相比，我们内部组织和器官产生的病变可能还会长时间存在。因为，这些疾病通常是我们生命活动进行过程中产生的损耗和伤害，不能避免身体的损耗和伤害的话，这些疾病就会无法避免。其实，人类从很早的时候就意识到了这个问题，几乎所有保健活动的终极目的，都是为了使我们身体减少消耗和损伤的。千百年来，人们通过食品营养、运动、药物等方法实现这一目的。但是，效果并不理想。尽管可以延缓衰老，减少生病机率，却不可能从根本上消除任何疾病。而基因工程的进步可能会很大程度上改善这个局面。无论是现在可以看到的通过剔出致病基因来杜绝或者减少某些疾病的发病机率的方法，还是未来分子诊断等高科技个人医疗时代的到来，都能够从根本上防止我们的身体轻易病变。据说，现在备受争议的筛选胎儿的基因已经在部分国家开始实行。在胎儿出生之前，就已经剔掉了那些致病基因，那么我们的下一代可能会具有比我们更健康、更难生病的身体。所以，这一部分疾病被消灭也不是完全没有可能性的。当然，在此之前，遗传疾病可能会更早被消灭掉。

不管这是能够实现的未来，或者只是我个人的乐观幻想，这都是每一个人类希望实现的梦想。虽然这可能导致一系列的问题，人口、伦理、居住环境、社会、文化，但是，毕竟在这一天到来的时候，我们将不再被病痛所困扰。迄今为止，还没有任何一个物种可以摆脱疾病，这是一个真正的创举。等到这样的一天到来，也许我们还会衰老，也许我们还会死亡，但是却没有病痛带来肉体上的折磨。对于这个不算完美的世界、我们不算完美的人生来说，难道不是一种安慰么？

当然，这也可能会导致另一种结果，没有了疾病的束缚，在死亡到来之前，不再有什么可以真正伤害到人类。人类会不会开始肆无忌惮呢？衰老是缓慢的，死亡是遥远的，缺少肉体痛苦，还有什么是我们害怕的呢？这会不会瞬间将人类引向另一个深渊呢？如果真的成了这样，我们数千年的医学研究岂不成了灭绝人类的凶手？那么，这一切努力到底是拯救了人类还是危害了人类呢？

难道疾病的末路也是人类的末路吗？

在我看来，死亡是关于人类生命中最复杂的一个问题。首先它结束了一切，但是却不会再被任何一个状态取代。死亡之后，依然是死亡。而且，死亡的气质如此的冷漠和残酷，使我们每一个人不敢过多地靠近。围绕着“死”，我们懂得的东西有限，却又在科学的发展下越发模糊了对它的理解。它的背后是什么，它存在的意义又是什么？必然面对死亡的生命体们，死亡可能是他们需要破解的最后一道生命的谜题。

1 某年某日，我们死于癌症

关于怎样死去这件事，大抵每个人都思考过。世界第一长寿的国家日本的情况是这样的：日本排名前三的死亡原因是癌症、心脏病、自杀。除去第三个属于咎由自取性的，前两个属于正常的死亡方法，也就是说我们很可能死于癌症或者是心脏病。

怎么？觉得这种死法太痛苦？事实上没有什么死法真的舒服。谁都不愿意死才是不争的事实。百年以来，死于癌症的人数增长了 60%，也就是说可供我们"选择"的死亡方式越来越单一了。很多人认为现在人的生活方式导致了癌症的多发。实际上，这绝对是错误的认识。其实，只是因为现在医疗条件越来越好，大部分原本足以致命的疾病的致死率越来越低。因此凸现出癌症的高发和高死亡率来。虽然感觉上很奇怪，但是你得相信这是科学进步的体现。

不过，如果说起癌症，却有着许多我们不了解的东西。那么，癌症究竟是什么？癌症和肿瘤的关系又是什么呢？

实际上，癌症在医学术语中被称为恶性肿瘤。这个名词解释也带出了和肿瘤的关系。也就是说，肿瘤不见得都是癌症，只有那些被称作恶性的才算。那么，所谓恶性，恶性于何处呢？不管你的脑海此刻在想象着什么样的画面，其实被归为恶性肿瘤只需要符合以下几个特点足矣。

（1）细胞的生长周期和增殖机制失常。

（2）易侵入或者扩散到其他器官和组织。

（3）可以经由人类循环组织和淋巴系统转移到其他组织和器官。

那么，究竟是什么原因造成了我们的身体出现了如此可怕的症状呢？很遗憾，我并不能给你一个明确的终极答案，因为目前的癌症研究的结果是依然没有找到 100% 绝对致癌的任何条件和原因。但是，总结起来有这么几个方面是主要诱导出恶性肿瘤的原因。

环境原因，这个环境所指的是很宽泛的环境，不仅包括你的生活大环境，也包括你可能接触到的放射线环境、化学污染环境，都可能诱导你身患癌症。饮食原因，这个我们经常看到听到，关于饮食习惯中可能存在的致癌的各种可能性，包括不健康的生活习惯，例如熬夜、抽烟、喝酒等。当然，还有其他原因造成的我们本身的身体机能的紊乱也是有可能诱发癌症的。另外，虽然可能性很小，但是一些遗传基因也可能使我们更容易身患癌症。

显然，不知道绝对的致病原因，也就很难找到绝对治愈的方法。而人类之所以尚未能对癌症找到有效的治疗方法，主要还是因为，癌症更像是人体衰竭的极端表现，因为我们活得越久，细胞储存的错误信息越多，它们突变的可能性就越大。于是，一天，你的身体里出现了叛变的细胞。然而，人体对于叛军的敏锐度远远不高，癌细胞四处攻城掠地，免疫系统视若不见。等到你发现了，基本上已经被叛军占据战略要地了。

别害怕，因为还不止这些，你听完了一起害怕去。

“叛军”发展迅速，繁殖速度非正常细胞所能抗衡，而且流窜性极高，随时打一枪换一个地方，且处处留下据点，很快，你体内的叛军就从一点星火变成燎原之势了。依照目前的技术水平，可供你选择的方法不多，依靠药物基本扯淡，打开皮肉，直接去除受损组织属于上上之策，当然这还取决于您经不经得起开刀的折腾。就算是你能承受的起，也还要祈祷医生细心和高超的水准保证不会留下几个残存的叛军在你体内，不然再一次燎原之势也用不了多久时间。

而被人熟知的放疗化疗，几近“刮骨疗伤”的自残行径，不仅容易留下头发脱落、脸色苍白的可怖症状，而且更重要的是会对你的身体造成极大的伤害。放射线治疗所使用的强度是超过人体承受的正常辐射量的60倍。但是，这基本上就是现行的治疗方法了。而最让人可笑的是，癌细胞的可怕所有人都知道，但是癌细胞除了疯狂繁殖、转移外，其实并没有毒性功能的事实却没太多人知道。是的，它只不过是一个发了疯的我们自己的细胞！事实上，癌细胞其实只不过占据了你正常器官的地方，吃了供给你正常器官的营养而已。

当然，这就够了，足够让我们去死了。

得承认，面对这样属性的病患，每一个人都束手无策。这也就是为什么癌症研究进行的很广，真正意义上的攻破却始终没有出现的原因了。

不过，你也必须从另一个角度来认清一个问题。事实上我们生存的时间已经超过了生物的正常范围。更年期就是最好的例证。具有更年期这种奇怪生理特征的动物绝无仅有。生物的定义在于具有繁殖能力和自己摄取能量能力的生命体。所以，通常生育能力的耗竭就意味着生命的结束。这是一般动物的共有特性。而人类却神奇地在丧失了生育能力之后，进入了美好的“夕阳红”时期。不断增长的人类寿命和不断成功地治愈各种病患成正比关系增长着。不得不承认，我们早已是获得的太多了。但是，我们却不能阻止衰老的速度，衰老不仅仅只是面容憔悴、两鬓斑白这么简单，也代表着你的细胞的正常换代的能力。那些个守护着你一生的细胞们，在承载了储存了一生的遗传错误后，终于某一天突然爆发，宣告我们生命的倒计时开始。

所以说，癌症是一个代表了身体衰弱的疾病，当越来越多的疑难杂症被人类攻破，癌症却更像一个身体必然会出现的生理阶段一样存在着。那感觉就像，尽管你可以从外部对自己进行保养，延缓死亡的脚步，却无法阻止内部衰老而产生的变异。所以，在我们尚未能够找到根治癌症的办法之前，很可能的结果是有那么一天，我们都会死于癌症。

2 我们那21克的灵魂啊！

21 克，据说是人灵魂的重量。而且不是瞎说的，是很正统严肃的试验结果。

这个试验是由美国麻省的大夫，邓肯·麦克道高（Dr.Duncan MacDougall）于 1907 年 4 月发表在《美国医学》杂志上的研究。作者一共测量了 6 个人，其中包括 4 个结核病人、1 名糖尿病昏迷的病人，另一个不明原因。21 克的说法来自第一个病人，这是一个患结核病的垂死的男人，麦大夫选择这个病人的理由是，这个人死的时候基本上不动，因为这样才能保持秤的平衡，以便于准确测量。这个人死亡前共观察了 3 小时 40 分钟，在这段时间里，这个人的重量缓慢地下降，速度是每小时 1 安士（28.3495 克），作者估计是因为体液的蒸发所致。然后作者把秤的平衡调到接近上限条，以期待死亡时候的下降，然后在死亡的瞬间，秤的指针快速下降到了秤的下限条，就再没有弹回来，这一瞬间重量下降了 4 分之 3 安士（3/4×28.3495=21.26 克），这个著名的 21 克就诞生了。

其后的 5 例测量都无法重复这个结果。第 2 例，因为没有办法确认具体的死亡时间，结果不能用。第 3 例，死亡的瞬间，重量下降了 1.5 安士，随后的几分钟，又下降了 1 安士。第 4 例，因为秤没有调节好，尽管人死的时候重量下降了 8 分之 3 安士，但这个结果也不能用。第 5 例，因为死亡来的太突然，尽管重量下降了 8 分之 3 安士，但这个结果因为秤的原因，也不能算数。第 6 例，也不能算，因为病人刚放到床上不到 5 分钟就死了，秤还没来得及调整。所以一共测量了 6 例，也只有第一例是作者比较满意的。

然而，正如试验结果所描述的那样，这个试验存在着许多的漏洞和不足。首先并没有同样的结果出现在其他试验对象的试验结果中，用科学术语来说就是没有再现性，这样的结果是不能算作有意义的数据的。当然，作者在原文中也提出了这个问题。其次，试验的客观性有待商讨。试验对象的重量是否恒定？误差的范围有多大？ 21 克的重量不会是其他由于死亡而引起的生理变化么？显然，这些问题的存在，让这个试验虽然在人文角度广为流传，却在科学界并未被重视。

然而，我们依然想要知道关于灵魂的答案。其实这个试验最想知道的并非灵魂有多重，和我们一样，试验者想要验证的只是一件事情：灵魂，它是存在的。不过，很遗憾，并没有后续的试验者，在之后整整 100 年里都再也没有人做过。

为什么？一个人们如此渴望知道答案的问题却没有人再次去尝试探索？

缺乏动力。因为灵魂之说在长久以来都是神学和哲学范畴的产物，高傲的科学家们并不想去证明一个他们不信服的东西出来。然而灵魂之所以依然只是一个不被科学界承认的假说，正是因为没有人去证明它存在或者不存在。这看上去简直就是一个自相矛盾的悖论，然而这就是真实情况。

当然另一个问题是缺乏完美的假说，不了解科学界的朋友们可能并不知道，任何科学理论和实验都是首先被人们提出了一个可能存在或者成立的假说，然后才会通过各种实验来验证，发现问题，修正方法并且最终找到真相。那么，也就是说，即使现在有一个愿意摆脱科学界固有的傲慢和陈旧思想的人，那么他也需要一个假说来支持并且由此制订合理的实验计划。

显然，无论是神学还是哲学，都无法提供合理的灵魂假说给科学家们参考。这需要一个长期处于科学研究、熟悉科学理论尤其是人体相关的学说。而我，刚好符合这个要求。亲爱的朋友们，如果我接下来的假说被人运用，并且最终揭开了人类灵魂的秘密的话，请不要忘了为我作旁证，督促那些研究者用我的名字来命名这个伟大的结论。

那么，这个假说该从何入手呢？首先，我们需要搞清楚的一个问题就是灵魂如果存在，它是干什么用的。

如果你翻开一本百科全书或者词语解释，多半会看到灵魂的很多延伸意，在人类的文化中，灵魂具有两个大的意义区分：（1）主宰生命所有活动，指令的内在自我；（2）奉守高尚人格、道德、伦理的控制来源。第一种偏向生命意义，第二种偏向哲学意义。显然，很唯美的第二种无法成为科学研究的方向和意义。那么，第一种的解释告诉我们，灵魂是控制人类的东西，类似于大脑，但是高于大脑。大部分宗教都认为人的灵魂一旦脱离人体，人类就面对死亡。这也再次证明了灵魂是一个可以操控人类生命，并且高于一切已知的生命组成系统。灵魂应当是协调并且统一了人类生命组成部分的“控制中心”。

那么，这样一个功能强大的“控制中心”作为一种物质形式出现的话，应该是十分复杂和庞大的，这并非没有根据的推断，支配着人体的所有神经系统的大脑，尽管在“灵魂假说”中等级低于灵魂，却已然成为了人体第二大的器官组织，所以，如果灵魂存在，只能庞大过大脑才合理。当然，不可否认的问题是，可能灵魂拥有更为轻便和高级的物质结构，以至于我们不能轻易通过现有任何科学手段来探知它存在的踪影。

而且作为统筹一切的至高首领，它还需要具备快速、准确的特性，不然我们的行动和思想便不能保持完美的协调，更别说它还应该是可以操纵控制大脑这样反应迅速的东西。还有一个条件很关键，如果灵魂真的是脱离了人体就会引起人体的死亡的话，那么它应该是最早反映死亡的人体组成。

而现在已知的科学结论得出，人体最早感知到死亡信号的应该是神经系统。那也就是说如果灵魂存在，并且和人体的生死有着直接的关系的话，那么它应当存在于神经系统，至少是离神经系统最近。或者，让我们做一个更大胆一点的猜想，灵魂就是神经系统里的我们尚未探知到的某种物质。

也就是说，不断深入研究人类神经传导系统，可能可以解开人类灵魂之谜。就这样，一个伟大的假说产生了。

你依然无法相信灵魂的存在？没关系，我们可以反证一下。

假设灵魂是不存在的。“我”这个概念是什么呢？“自我”这个概念将成为不存在的事物。因为我们的身体由大脑支配，大脑之上别无它物。只要大脑运行正常，我们可以完成任何身体所需的行为和意识。自我的个体意识，可能只是大脑提供给人的一个假想——为了更协调地控制身体。“自我”只能沦为身体有机结合的一个虚幻的代言人。其实，这也是有先例的，比如我们身体的任何一个器官组织都是由数十亿的细胞组成的。然而每一个细胞都甘心沉默成为单个的组成部分，而在我们的眼中，那就是一个完整的部分。所以，虽然我们看起来是个完整的人，并且十分自主（这也就是为什么会让人觉得会有灵魂存在），然而也不过只是一个个部分过于完美地相互协调下的状态造成的。

于是，我们复杂的思想、情感、记忆、创造力都与我们本身无关，这都是我们非凡伟大的大脑的杰作。这个世界不是属于人类的，而是属于人类大脑的。可是，尽管我们对于人类大脑的了解程度还不深刻，但是我们知道大脑所进行的生命活动是很单纯的细胞分泌因子通过传导形式而完成的。这足够传达大脑的指令和反馈身体的反应，甚至也足够记忆过往，但是，仅靠这样的单纯的结构能够完成我们日常的情绪表现和情感思考吗？而更关键的问题在于，大脑肩负存储、传达、接受、分析的同时还要协调和控制整个人体，我们的大脑真的如此发达吗？

所以，或许我的假说不足以让人信服灵魂的存在，但是反论也无法推翻我的假说。这样的结论并不是说相持之下毫无意义，这恰恰说明了关于灵魂的研究有着许多问题以及很多可以尝试的东西。

当然，你可能已经一头雾水我为什么要证明这个。我想说的不仅仅只是灵魂的推断，而是科学的视角下，所存在着的矛盾和可爱有趣之处。而如此具有反思和开创精神的思考，可能正是我们拥有的那仅仅 21 克的灵魂才能做到的，谁知道呢?

3 消亡的血脉

中国人是非常注重血脉传承的民族。如果你出生在大家族，或许见过传承几个世纪的厚厚的家谱。那里记载着每一个家族的先人们的名字、出生和死亡日期，甚至还有他们的重要事迹。当然，有一天，你的名字也会被记录在那里。看着那些陌生的名字，你联想过什么？我猜想，至少你思考过和他们的联系。你会想，或许我不曾见过他们，不曾了解他们的生活，但是在我的体内流淌着的是和他们一样的鲜血，我们秉承着同一支血脉。

这很让人激动。我知道，就像是你找到了一种依附感，如果你的先人中有某个历史名人，这种激动甚至能够成为一种动力。你会在自己的身上寻找先辈名人可能同样拥有的特征，并引以为豪。

那么，你不想知道你继承了多少先祖的特征么？这样就可以让你有更清晰的荣耀了。你可以自豪地对别人说，我继承了我的某某先祖的多少多少特征。而能够解决这个问题的方法，只有现代遗传学才能做到。

我们都知道，遗传基因以 DNA 的形式传承，具有高度的稳定性，使我们维系着固定的生物种群特性，繁衍生息。而同时，像所有有性生殖的生物一样，每一个后代都拥有来自父母双方各占一半的遗传基因。那么，很自然，一个人的特征假设为 100，而他任何一个孩子都只能拥有 50，孙子只有 25，以此类推，逐代减半。用不了十代，子孙的身上将几乎不再具有任何先祖的遗传特征。这是个很简单的数学计算。事实上，在实验医学上，如果想要将一种老鼠身上的一种基因剔除，最简单和安全的办法就是让它和不具有这种基因的老鼠交配，连续 5 代以上就能够将这种基因从它的子代的身体中“清洗”。

所以，不需要什么复杂的技术原理就可以得知，你和你的先祖并没有什么异于他人的相似之处，也不会继承他们身上什么特别伟大的特性。因为那些特性早就随着无数代的繁衍消失近无了。因为每一个人都一样，我们繁衍的过程，就是在“清洗”先人特征的过程。这实在是一个让人悲伤的结果，我们厚重的被无数先人辛勤记录书写的家谱变得毫无意义。而身为某一支血脉的我们的身上，居然几乎没有留下任何与这一支血脉的先祖相同的并且是独有的特征。不过，问题在于，如果说我们真的完全和先祖们没有任何生物学上的关系的话，那么，这个科学现象虽然让人悲伤，却还能够尝试理解。但是，事实上，如果没有你直系家族的任何一个先人，都不可能有你的出生。于是，一个不曾传承任何独特遗传信息给你的先祖，却决定了你是否能够存在于这个世界。那种感觉十分复杂，我不拥有你的特征，却因你曾经存在而获得生命。不管我总结得是否恰当，有一点是可以肯定的，我们与祖先之间，不再是用同一支血脉就能够轻松解释的了。

这样的现实会引发我们很多思考，我们的生命仿佛一瞬间没了根基。我们各自独特的性格、特殊的才能难道都只是来自我们自己的偶然吗？这么说当然也不对，毕竟即使没有遥远先祖的“血液”，你依然和你的父母，甚至祖父母存在着很多的联系，你的性格和天赋多多少少都能在他们身上找到。当然，你也知道，你的身体来自于父母双方，所以你是他们特征的融合。尽管这也是清洗先祖“特征”的原因所在，但是好处也显而易见，因为你父母的基因特性、免疫特性越是不同，你所获得完美健康身体的概率越大。这么说，是否能够给你因得知丧失祖先特性而备受打击的心灵予以安慰呢？

而我们静下心来，会马上想到另一个问题，生物体为什么要如此设计呢？有什么理由非要清洗先代基因特性的必要呢？我们都知道动物会尽量繁殖后代，来扩大自己的基因最大程度的残存。那么如果最终会因为不断的世代更替而丧失大部分独有的遗传信息，大量繁殖还具有什么意义？

其实，尽量繁殖后代，的确是为了扩大自己的基因残留，而这与基因最终被世代更替所清洗并没有冲突。因为，我们忘了，我们是作为一个种群而生存着的。我们扩大后代的数量是为了整个人类的物种的绵延，而非为了可识别的血脉的延续。必须承认，我们的本能保留着的依然是最原始的生物本能。或许你的特征因为时间的流逝而消亡，而人类仍旧存在，对于一个生物种群来说这就已经足够了。而且，正是因为基因可以通过世代更替而消失，才使得进化得以合理的存在。一个物种才能因环境的变化做出最合理的突变。否则，我们在继承祖先优秀传统的同时，也会继承他们尚且不够先进的身体特性，那么，我们的种族将不再存在任何适应环境意义上的进化了。

原来，本能比我们更懂得注重大局。

所以，很悲惨的现状是，我们充满荣光和自豪的宗族情节，其实只能限于人文世界，经不住科学的推敲。我们超出其他种群能力的大脑为我们创造出了无数文明的同时，也突显出了和自然世界相矛盾的各种文化现象。一旦思考起来，绝对个个都是谋杀脑细胞的“好问题”。当然，事实上也没这么复杂，比较方便的一个解脱的方法是，有些事情你越是意识得少，越生活的正常。

4 心死症候群

在日本，自杀是排名第三的死亡原因。和任何死亡原因都不同，自杀既不能算是一种疾病，也不能算是一种意外。自己选择结束自己的生命，这究竟是一种怎样的状态下才会有的念头呢？

然而，就是这样一种不可思议的行为导致的死亡原因，却能够排在一个国家的死亡原因的前三位，显然，这并不是人类社会的个别稀有现象。甚至，人类并不是唯一会自杀的种群。部分其他动物物种也会出现自杀，甚至集体自杀的现象。那么，是什么导致向来以生存为最大目的的生物会选择主动交出生命权呢？

对于其他物种的自杀现象我们很难找寻到答案，而对于人类来说，基本上都是指向了同一个原因——精神世界的崩溃。自杀了的都是对自己人生的某些问题不满意的。事业有成、家庭美满、生活的开心幸福的人如果第二天被发现横尸房中，估计不是意外、疾病，就只能是他杀，自杀的可能性是几乎不存在的。所以，自杀是一个对于人生不如意状态下的行为选择。可问题在于我们都有不如意的时候，都有忧郁、哀怨的时候，可为什么其中一些人会选择以结束自己的生命这样的方式来解决不如意的状态，而大部分的人却不会呢？事实上，科学家们也一直试图找到这个答案。一些科学家认为，自杀也可能是某些基因导致的结果，所以他们开始力图在人类的基因中寻找到促使人们去“自寻死路”的那些邪恶基因，从而判断哪些人可能会有自杀的倾向。但很遗憾的是，尽管研究的不少，但是始终没有足以让我信服的证据证明，他们通过基因从人群中区分出哪些人会是选择了结自己的人。

在我看来，面对这个问题，科学家们表现得足够迂腐，从基因上去辨别一个人是否会自杀，这多少有些天方夜谭。人类进化的如此复杂，基因所导致的本能行为还能够左右人类的思想和行为多少，根本无法得知。如上文所述，如果一个不具有自杀基因的人，始终遭遇不幸，他选择自杀的可能性会比具有自杀基因的幸福的人更低吗？真的要测试，倒不如给每个人一款十分难玩但又不至于会很快结束的电脑游戏，坚持得越久不退出的人，可能越不会倾向于选择自杀。因为人生这件事，很多时候就是依靠死皮赖脸地硬挺着，都较真，我们每一个人都能找到让自己想要“退出”人生的理由。

但是，实际上科学家们研究这个，可能也有他更为深邃的一层考虑。正是因为人类自杀的这种难以预知和非科学诱因的情况，科学家们才试图寻找规律，寻找能够将它归纳成为一种类似于病患的状态，只有这样才能对症下药。不过，虽然科学家们的考虑很有道理，但是显然用基因来归纳的道路有些偏离轨道。如果说自杀的人有着什么共性的话，那就是精神世界的彻底瓦解，孟子说“夫哀莫大于心死”大抵指的就是这个状态。

“心”都死了，人如何苟活？只有变成了这样的人，才真会选择自杀。怎么才算是心死呢？有人一夜崩溃，有人长年隐忍，却可能因为一件突然出现的小事诱发了轻生的念头。当然，他们所解不开的人生难题也各有各的不同。可问题在于，我们每一个人都有解不开的难题，也都会经历过一夜崩溃的体验，更别说谁也都在隐忍着什么。而且也没有任何方法可以证明谁真的比谁更坚强。所以，如果说“心死”是一种突发疾病，我们每一个人都是隐性的携带者。

不过，不必担心，“心死”的状态并不容易达到，就算是真的“心死”，也不见得真会去自杀。因为要抵消掉我们本能的求生欲并不是一件简单的事情。活着需要勇气，去死也同样需要。不论是通过任何方法将自己的生命了结，都是极其痛苦的过程。这一点上，并不是每一个冒出了轻生念头的人都能够认识的到的。人们实际上被影视传媒所“美化”或者简单化了的自杀过程所误导，任何自杀方法都不是“一闭眼，整个世界都安静了”这么简单。事实上，在你感觉到安静之前，你首先会经历肉体上前所未有的痛苦。那痛苦足以摧毁你任何轻生的念头，可惜到了动完手这个阶段的你，已经没有任何后悔的机会了。当然，我知道是因为我所学的专业，让我可以推断和想象，一个人自杀时可能经历的痛苦。而这世上绝大多数人依然不了解，所以始终能够看得到有人将“自杀”当作解脱痛苦的最后一张牌。

幸好，除去这最后无法逆转的肉体的痛苦之外，那之前还有很多阶段可以让人放弃轻生，阻止人们走上不归途。首先，人们在萌生自杀的念头的时候，会本能地寻找阻止自己的理由，他们会叙说痛苦，告诉家人、朋友，甚至是漠视自己“心死”的状态，有些人也会讲出自己不愿再活下去的念头。通常这个阶段的人都是可以被劝说过来的。他们就是希望从周遭人的口中听到让自己放弃这个念头的理由。所以，那些高喊着我不活了的多半还死不了，真的决定好了要实施自杀计划的人们，是不会想让人马上知道的。

其次，自杀的环境也很重要。人在真正去面对死亡的时候，当他去最后确认这个让他完全失望了的世界最后一眼的时候，如果他看到的依然是孤独、苍凉，让人绝望的画面，自然会加深他想自杀的念头，而如果能看到，甚至是听到一丝属于温暖、属于幸福的东西，那可能结局就会不同。这并没有什么特别的理论，这是每个人都有的心理特征。

所以，也许只是可能，自杀现象并没有人们想象中的那么复杂而难以控制。因为一个人从产生“死的心都有了”念头到“只剩下去死的心了”的过程中，有诸多可以回头并且恢复的可能。动用科学治疗，不如动用社会学开展交流和教育，让每个人正视人生，解决困扰才是可行之道。所以，如果您是严重脆弱的“心死”症候群也不必担心，只要不一步步偏执下去，您就会隐于人海之中，和大多数同样脆弱却胆小的我们一样，抱怨人生，却同时也能发现人生的美好。

5 人类的哀歌

人是从哪里来的？这个折磨人的问题，只是存在于进化论出现之前。如今，就是小学生也知道动物种群的演变，以及物竞天择的进化论基本理论。事实上无数动物学家甚至遗传学家也证明了进化论的无比正确性。所以，150 年前的达尔文的大胆推论，在今天看来依然十分伟大。可问题在于，伟大的人已经死了，他虽然为我们解决了人是从哪里来的这个问题，却没有能够来得及解决“人要往哪里去”的问题。

是的，真得很奇怪，如此显而易见的推问，居然在解决了人类起源问题之后的 150 年里没有人尝试提出或者解答。我说的不是人类将会持续进化这样显而易见的结论，我说的是进化的方向是什么？当然，这并不是说人们不肯思考，而是进化论给出了答案的方向——继续延续着动物的演变过程。显然，进化是一个不断进行的事情，即使是被区分在生物系统树顶端的人类也不能免俗。也就是说，我们将会依然并且持续稳定进化着。

但是，问题在于，怎么进化？

在人类诞生的大约 1 万年里，各种文明纪录显示，人类的外在形态并没有发生太多本质上的变化，我们与古人的样子并没有太多不同。所以，那些热爱“穿越”时代幻想的人们，不必担心自己去了某个时代就会被当作“异形”处置，但是要小心自己与那个时代的人无法沟通。因为你的思维要比他们发达很多，你的空间思维能力和逻辑推理能力都要远远高于他们。事实上，人类这些年的进化大部分都表现在了大脑上。这也就是为什么你很难在外观上观察出人类进化的痕迹了。

然而，即使知道了人类进化的方向，依然很难知道人类将要遭遇的命运。因为，进化的最终结果是产生物种分化。也就是说会有新的物种产生，而物竞天择也会淘汰一部分不适应生存环境的物种。而这个才是决定一个物种将走向何处的时刻。显然，我们无法从人类社会看到物种分化的迹象。难道是我们进化的速度不够快吗？答案恰恰相反，据古生物学和分子遗传学的研究，人类在其出现的1万年中进化的速度，超过任何一个物种的任何一个时期。也就是说，处于进化系统树顶端的我们在“持续发展”的道路上也是领先的。

可是为什么没有出现物种的分化？为什么没有出现可以取代人类的新人类，或者保持着5000年前生存状态和物种特征的落后了的人类？动物学家给了我们一个非常合理的答案——缺乏地理隔绝。任何物种的分化都是从地理隔绝开始的，地理环境将一个物种的两个种群集团隔绝开来，各自面对的环境造就了不同的需要适应的条件，然后各自的种群分别进行了不同的生物突变，之后长时间的互相隔离，使各自的生殖系统也变得无法相容，同一个祖先来源却变得完全不相干的两个新物种就此诞生。

然而就遍布整个地球的人类而言，地理的差异不可谓不大，甚至超过任何一个物种的地理隔离范围，但是却始终没有产生真正的隔离。因为人类大脑的进化太过迅猛，产生了思考，产生了生产技术，更关键的问题在于产生了语言。语言，这个人类特有的功能，完美地将各种信息传播开来。于是，当第一个适应了牛奶的味道并且开始变得能够吸收牛奶中的营养的人出现之后，他便将牛奶的美味告诉了其他的人。更多的人开始尝试饮用牛奶，虽然从个别风俗到现在成为世界各地不同民族的生活习惯用了很长时间，但是这个速度也远远快于因能够吸收牛奶成份而产生区别于其他种群的种群分化特征的时间。是的，就像这样，尽管我们遍布全球，可一直以来都是“共同进步”。

非洲人、欧美人、亚洲人，不同的肤色源于掌管着皮肤的2–4个基因之间的差别。这是人类可以观察到的最后迈向种群分化的痕迹了。可惜，在那之后，人类就迎来了文明的大发展，生存方式逐渐统一，所以，尽管肤色不同，我们依然同属于人类。而今天，信息时代的到来，将传播信息的速度提升到了前所未有的境界，任何部分种群出现的新的适应性身体突破，都会以文化的形式快速传播开来，并且很快达到一致。

人类虽然没有停止进化，却永不可能产生种群分化了，除非爆发星球大战，或者移居其他星球。然而这还都不是现在可以展开讨论的现实问题。面对人类的这种情况，科学家们产生了深深的担忧：虽然没有什么理论可以证明，不产生种群分化的物种一定会遭遇厄运，但是就像所有人都站在轮船的一侧那样，看起来充满着悬念。

而制造了这一切的人类文明，也给物竞天择的自然规律带来了巨大的风险。带有恶性基因的病人通过医疗和其他人一样生存于人类社会，不会遭到种群的抛弃。这当然是人类区别于其他动物的伟大“人性”，但是，不得不承认的是，这些病人带有的恶性基因依然会在人类种群中继续遗传下去。这无疑增加了人类的整体素质恶化的风险，而缺乏地理隔离和越来越小的民族文化差异，也将使人类基因的走向变得无法控制。现在我们再来看人类进化的轨迹，恐怕就不是我们最初估计的那样乐观和清晰了。

缺乏种群分化差异，也使得任何新型流行疾病都更轻易席卷全球，没有任何民族可以依靠自身的免疫优势而免于灾祸。在这个意义下，我们就像装载着同样系统的电脑，一荣俱荣，一损俱损。我们追求没有高下区分的人类社会，使得我们在获得平等的同时，也丧失了任何种族拥有高于他族的生物学优势。当然，不得不承认，这是一个无法放在文化层次上去谈论的话题。人类自豪的文明，虽然成功地挑战了自然法则，让我们不必担心有一天会出现绞杀我们的隶属另一种族的高智能人类，却也可能带领着我们所有人奏响人类灭亡的哀歌。

6 请杀了我

有些想法和感受，如果我们自己不经历，永远也无法理解。比如，怎样的痛苦可以使一个人放弃治疗，并且央求医生来结束自己的生命。当出现这样的病人时，我们会劝说他积极向生，因为我们无法相信和理解这世上会有超过死亡的痛苦；可是当越来越多的这样的病人出现时，我们不得不去尝试相信，这也是生命的一种需要。

当然，其实并不仅仅只是病痛，这些病人最大的另一个共性则是都身患不治之症。也就是说，并非因病痛丧失了生的渴望，而是原本就要面对死亡，与其夹杂着巨大的痛苦多活一天，不如早些面对死亡的必然结果。人类善于计算得失，哪怕是面对生死的衡量。而且，这早已不仅仅只是一个念头，而是已经存在于我们生活的这个世界的一种选择了。

一个含义隐晦的名词被制造出来了——安乐死。这个词汇设计得非常高明，它告诉你这虽然是死，却是安乐的，是不痛苦的，但是却没有告诉你这是交给医生干的，更关键的被漏掉的一个信息是，它是一种结束别人生命的非正常手段。然而结束一个人的生命，是一件非常可怕的事情。即使是无痛苦的，即使是本人的意愿，这依然不能改变其行为的本质。所以，这是一个从出现开始就注定被关注、被赞同或反对着的事情。是的，这很矛盾。因为我们理解绝症病人内心的痛苦处境，但是同时也不想把医生教唆成杀人狂。将一针毒药推进患者的血液里的原理很简单，整个过程并不会太长，甚至也见不到什么血腥的画面，但是一个虽然微弱但是跳动着的心脏将会停止，一个永不可逆的生命即将消亡。这不由得我们不去深思安乐死这个问题。

首先，我们需要搞明白什么人有资格提出安乐死。然而，这其实也是最为困难的问题。痛苦是一个无法界定的问题，什么才算是痛苦，什么程度才可以提出以死来取代痛苦？显然这不能交给每一个患者来回答，否则安乐死便成为了自杀者最好的“利器”。但是却也不该交给医生，由医生来指定谁具有提出安乐死的资格，相当于由医生来决定病人们的生死，这当然是不妥当的。而另一方面，还有一类特殊的例子，病人已经失去知觉，并且陷入了常年依赖机器、药物维持生命的状态。显然，这个时候，病人本身是否痛苦已经不可而知，倒是照顾他的家人十分痛苦。有的家人会提出安乐死的要求，显然这又造成了另一个难题，未经本人同意的安乐死可以接受吗？虽然我们认同也能理解家属们的痛苦，但是我们必须询问一个问题，安乐死到底是为了给谁带来安乐？或者说，家属们的痛苦足以成为剥夺一个生命的理由吗？

想必你已经看到了安乐死背后让人头疼的局面了。事实上，这些问题的混淆不清带来的危害十分巨大。1991 年，日本东海大学附属医院的护士擅自通过静脉注射过量的治疗药物给一名病人实施了安乐死。虽然出自于其家属的意愿，但是该护士依然被逮捕并且伤害罪名成立。和一般的“蓄意杀人犯”不同，这个事件给我们的印象绝不是非白即黑的罪有应得，相反，作为我个人的想法，我不得不承认，我甚至有些同情和理解这个选择结束病人生命的护士和患者家属的心情。这个事件曾经在日本引起了广泛的讨论，其他国家也有许多类似的事件发生。这都再一次地说明了围绕安乐死实施存在着的争议和难以调和。

不过，尽管如此，人们绞尽脑汁企图通过讨论确定可以实施安乐死的实施办法。日本可以称作这方面的典范，很快就制订出了方案。

这个方案的大致内容如下：

（1）身患不治之症，并且有明确可能发生的死亡期限。

（2）身心遭受着难以忍受的痛苦。

（3）现行医疗手段无法减轻、消除其承受的痛苦。

（4）本人承诺，或者知晓实施安乐死的方案和方法，以及实施日期。

（5）原则上，主治医师必须承诺，或者知晓安乐死实施的方案和方法，以及实施日期。

（6）不违反人类伦理道德。

这个条件限制可以最大程度上防止了安乐死的滥用和非道德的实施方法。但是，这个条件限制并非完美，甚至存在着极大的问题。最大的问题在于第6条。“不违反人类伦理道德”，究竟什么才是不违反伦理道德呢？人类的伦理道德中，向来将保护生命视为最基本的保证，而此刻讨论的恰恰是如何“正确”地剥夺一个人的生命，这本身就是不符合伦理道德的，又如何不违反呢？如果这个观点有些较真。那么，那些本人知晓的条例里，本人的意思究竟是同意还是仅仅只是知道呢？如果只是知道，那么实际上决定是否需要安乐死的依然是医治他的医生，或者他的亲人们。那么，曾经以治疗他生命为己任的医生和曾经最亲密的家人，此刻便成了“谋杀”他的“凶犯”。原本以减轻病人痛苦为目的的安乐死便沦为医生或者亲属摆脱麻烦的工具。这能够称为符合人类伦理道德吗？

当然，事实上，安乐死依然不被大多数国家的法律所承认，也正是因为尚且存在着各种问题，而且始终没有找到可以调和这一切矛盾的方法。这个时代所酝酿出的人道主义精神使我们欣慰，正是这种精神的普及和发展，才使得人们因此不愿见末期病人痛苦的挣扎并萌生出帮助病人安乐死的愿望。那么，最让人们头痛的问题在于此时的人道主义恰恰是去完成一个结束他人生命的“非人道”使命，以“人道”之名，行“杀戮”之举。

被世人所宣扬和推广的人道主义，在“安乐死”这个问题前自相矛盾地像一个荒谬的悖论。但是，抛开这些不讲，单纯地面对一个生命“请杀了我”这样特殊的请求，我们的确不得不心存谨慎，因为这谨慎的态度本身，就是对于一个生命最起码的尊敬。

7 在梦中死去

你一定有过这样的经历，当渴望得到的东西唾手可得，却睁开了双眼发现一切不过是黄粱一梦，美梦只是梦，恐怕是这世间最叫人无奈的事情了。但是，总要想到好的一面，当你被不知名的怪兽追赶，身处世界末日倘若也能醒来，结束噩梦，岂不是大快人心？所以，梦虽然虚幻，可也与现实生活相似，有得也有失。

可我们并不知道为什么要做梦，既没有“上映通知”，也没有“剧情透露”。它要来时，它便来了；它要走时，你就醒了。而我们身体制造梦的“编剧”一定是个白痴，因为我们的梦总是荒诞不经，甚至很多时候丝毫没有逻辑性，奇奇怪怪的人物，揉捏拼凑的情节，随意转换的场景，连法国的电影导演都拍不出这么难懂、古怪的“剧情”！可令人痛恨的是，睡梦中的我们居然对此身陷其中，深信不疑或感动、或恐惧、或开心、或悲伤，只此一刻，我们却又仿佛置身于最使人入戏的电影。

然而梦却又没有那么复杂的结构，至少科学家们看来是这样的。大脑勤奋地工作，甚至在我们酣睡的时候也很难保持平静，依然会有一些脑细胞保持兴奋，并且和我们平时的思维一样，传递着各种脑电波信号，刺激我们位于海马体的记忆片断，组合出全新的图像来。于是，一个梦就产生了。当然，这样简单的解释并无法解读梦境的各种奇妙。那些单纯的脑电波怎样就创造了梦的世界，勾起了我们各式各样的情绪。

其实，我们不理解梦境的原因归根到底是因为，这是一个不受我们控制的大脑下的“胡思乱想”。相似的机制，无论我们白天的幻想多么离奇，我们都不曾感到过奇怪，甚至不曾去思考幻想是如何产生、如何运作的。因为我们控制得了，因为我们的意识和大脑是同步的，是一致的，是不分你我的。你会清晰地告诉自己，这些是我想的。而夜晚的梦境则不同，我们无法控制，不知道大脑要给我们带来什么，梦境仿佛成了大脑自己的狂欢。你成了感受和观赏者，而脱离了制造者的行列。大脑丝毫不会顾及我们本身的意识选择，给我们没有高潮的美梦，无法挣脱的噩梦，甚至是我们不愿面对的记忆片断，这到底是怎么了？为什么我们的大脑要跟我们对着干？我们还是不是一个有机的整体？究竟是我们控制着大脑，还是大脑控制着我们?

这太让人感到可怕了，我们的身体仿佛潜藏着一个实力雄厚的敌人，但是白天他从来不现身，却总会在黑夜到来以后，在你最没有防备的时候提醒你，他有一种自主的能力，并且可以通过这种能力给你带来影响，轻则影响你的情绪，重则甚至可以支配你的活动（梦游症）。而另一方面，如果把大脑制造梦境的行为看作完全对立，那么相对的我们对于梦境的各种情绪反应来自于哪里呢？只是大脑的一个区域对话另一个区域的“自己导演的一场戏”，还是根本是另一个真正代表着我们自己意识的“中心”存在于我们的身体呢？这些问题会让脑科学研究者无言以对，在他们眼里，大脑依然只是一个脆弱的需要密封在人类厚重头骨里的器官，或许它的结构复杂，但也只不过是一个“机器”而已。

尽管有人研究认为，梦境出现的意义仅仅在于确认某些存在的可以被掩盖的记忆是否需要被记起或者是更大程度的雪藏。弗洛伊德的看法更加单纯，做梦就是为了表现我们潜在的不敢声张的欲望。这个说法让大脑的形象改变不少。是啊，瞎担心什么？我们的科学水准还没有达到足以完全理解我们的身体的时候，任何猜测都是愚昧的体现。但是，需要被深深遗忘的痛苦回忆再次被加工演绎一遍，可以帮助我们选择更深地雪藏它吗？而那些模糊的不完整的美梦，又能够帮助我们回想起更多想要记起的细节吗？当我们睁开双眼，盯着天花板，回味刚刚结束的梦境时，大脑就真的通过梦境帮我们完成它需要“测试”的“任务”了吗？所以，我想，我们依然无法准确地概括哺乳类动物的梦境存在的意义。

当然，我们并不讨厌做梦，不然也不会把人生渴望的目标称作“梦想”。那是一种非凡的体验，在3D电影没有出现的前1万年里，做梦一直是我们唯一的最身临其境的影像体验。尽管我们不知道大脑想要干什么，但是从1万年以来它都没有进一步行动的状态来看，我们或许可以梦幻般地把做梦看作是来自大脑的一份礼物。梦境是自由的，是天马行空的，自由到甚至摆脱了时间空间这些人类穷其一生无法挣脱有束缚。一个梦可以是跨度几十年，也可以是反复停留在几秒钟的故事，也可以上一个“镜头”在你的房间，下一个“镜头”已经飞往了外太空。不过，这还不是最玄妙的，据说有人在梦境中可以使用平时完全不流畅的语言，处理平时绝对无法操控的局面，哦，有时候，梦中的我们是自己的英雄。

每个人的梦都是不同的，对于一些人来说，梦是有颜色的，而有接近一半的人声称他们做的梦是黑白的。同时，有人也可以在梦中听到音乐，有人甚至可以在梦中闻到味道。梦的逼真，并不局限于立体，可谓色香味俱全了！虽然我们同样不知道造成这种区别的原因是什么。不过，最最关键的问题是，我们的梦都有我们自己的参与，当然，也正是因为这个原因，我们才能感同身受，知道今朝是何夕。

可惜，梦境的记忆也属于短期记忆，我们会随着时间流逝迅速忘记，除非反复回忆，否则无论美梦还是噩梦都会淡去。这真的是很遗憾的事情，我们无法重温那些只属于我们自己的梦境。也难怪有人想要制造机器去捕捉梦境，人为地留住那些原本转瞬即逝的梦中幻境。如果能够成功将是多么美好的一件事情啊，那些只有梦中才出现的人和事，可以反复地播放出来。或者，干脆发明一种机器，让我们操纵或者选择梦境。我们会把每次夜晚到来当作一天中最让人兴奋的时刻。只是，沉浸在梦中，没有了世间的嘈杂和纷扰，没有了压力，你还会思念现实的世界吗？或许，真的有这样的机器被成功发明出来，会让这世界的每一个人都会醉死梦中，不愿再醒来。

8 我们怎样杀死所有生物

生态学（ecology）一定是这个世界上最残忍的学科，它告诉了你两件事情：一是我们正在对这个地球进行着什么样的破坏；二是我们对此如何束手无策。别误会，我对生态学没有任何不尊重的意思。我想说的是，我们其实和这个世界真的不怎么和谐。在近 100 年中，我们都在反复检讨和修正我们给予地球所造成的伤害。保护环境的行动也随之展开。通过这些，有些事情卓见成效，比如一些被污染的河流变得清澈；有些事情悬而未决，比如温暖化；还有一些事情我们自以为做得很好，比如保护物种多样化。

我们也知道有越来越多的国家设立了各种各样的自然保护区域，疯狂地猎杀动物的行为也在逐渐被消灭。而最重要的是，保护其他物种的思想被广为传播，人类越来越自觉地保护动物，爱惜植物。然而现实却是，地球每天依然有 75 个物种灭绝，平均每小时 3 个。而在工业革命之前，物种灭绝的速度仅为现在的 1/100。而且现在的物种灭绝速度也并没有因为人类的觉醒和一系列的保护措施显示出减缓和恢复的征兆。

为什么？为什么在人类采取了如此多的挽救策略之后，依然无法改变其他生物悲惨的命运？

道理很简单，人类远远低估了自己的行为对自然造成的影响。即使不再有充满污垢和毒性物质的河流，即使不再有举着猎枪的猎人，生物们依然在死去。因为自然界也有着它严密的系统，任何一种生物都无法独自生存。它们需要环境，需要食物，需要有足够多的同类繁衍种族。其实这看似普通的条件一旦被破坏就很难复原。决不是多圈几个保护区，多治理出几条清澈河流就能够解决的。缺乏作为食物对象的物种，显然会再次引起物种减灭；缺乏天敌，又会使其一时过度繁殖，继而食物不足再次大量减灭。那些你从可恶的猎人枪下救下的动物们，尽管在你放归自然的瞬间给予你极大的安慰，但是它们日后的命运也可想而知。

其实，更多的物种灭绝是我们不经意间造成的。比如，一条公路修建成功，那就像在原本完整的自然区域里划开了一个口子，往来穿梭的汽车、行人很快就会使公路两边的区域各自成为一个孤岛。因为原本统一的自然资源不再共享，一个原本生存在同一区域的种群被迫分成了两个，动物们不会为了繁殖而轻易冒险穿越危险的公路。那么随着公路网线的不断增加，这样被隔离和孤岛化的自然区域会越来越多，而且越来越小。每一个“孤岛”的动植物生存状态必然只能维持在脆弱的警戒线上。而人类为了绿化和美观种植于公路上的植物，甚至还会给这些脆弱的孤岛再添一丝烦恼。这些集中、生命力顽强、单一的外来物种，势必会随着大量地传播种子而给周遭的食物链带来破坏，并且占领原来植物拥有的土地。而这在我们看来却是增加绿色的有力明证。

而这才仅仅是一条看似不具有破坏力的公路而已。在人类的活动、生产、生活之中，这样的例子比比皆是。另一个显著而同样不被人们所注意的例子是水坝。这同样是一幅温和的“嘴脸”：水坝能够阻止洪水的发生，并且能够给人类带来洁净的电力。然而，不管你相不相信，或许它能够给人类提供“绿色”的能源，却给生态带来了“黑色”的效果。道理很简单，因为水坝的出现，河流被抬高的水位、人为调控的水流速度，都使原本安静生活在河流里的所有生物们每一天都在承受着前所未有的挑战。抬高的水位，意味着河底距离温暖的太阳光线更遥远了一些，这将使水生植物的光合作用无法完好的进行，同时也意味着越靠近河底，河水就越冰冷。而关键问题在于，这突然改变的环境，使生物们没有足够的时间去适应。然后当大坝开启，将这些河水倾泻而出时，河道内的不同的水层会重新混合，下游的鱼类们会尝到最彻骨寒冷的滋味，更别说那些习惯于回归上游产卵的鱼儿们或许曾经可以“鱼跃龙门”，但是想要跳跃过钢筋水泥筑就的大坝却是痴心妄想。

于是，终有一天，河流依然清澈，却不见美丽的水草和欢悦的鱼儿。而愚蠢的人类却自以为完成了一项人间奇迹，完成了一个可以与自然和谐共处的伟大工程。这些例子有没有让你感到震惊？你现在可以想象我们距离“和谐共处”的物种多样性的目标还有多远。

好像哪位作家说过的那样，这个世界上穷凶极恶的人和绝对善良的人都是少数，大部分的人都是如平凡的你我。我们不至于杀人越货，却也不可能毫不利己、专门利他。人类固然不想做毁灭世界的罪人，但是却也无法放弃早就适应的物质生活和原始欲望。不可否认，我们对于挽救自然的所有努力都不过是建立在不毁坏和不影响人类活动的基础上的。如果真的想要彻底拯救生态环境，我们恐怕得抛弃现在的一切非自然的活动了。所以，幸好生物们不会抗议，不然我们一定早就看到无数高举着“伪善的人类，虚假的拯救”的旗帜的生物们了。

其实这个世界没有多少真正神秘的问题，你努力了却看不到效果，那只有两个原因：要么你做错了，要么你努力的还不够。人类维持物种多样化这件事显然属于后者。但是，拆了所有大坝，毁掉所有的公路，退还大多数的土地给植物动物们显然是不可能的。这就动了所有人类的共同利益。即使是那些充满善意的最积极地参与保护自然的人们也同样难以承受人类如此大的“牺牲”。

这就是我们世界的真相。充溢着“绿色环保”“保护自然”的口号，也的确充溢着人们为濒临灭绝的生物们流下的真情的泪水。可是这些无法拯救他们，无法阻挡物种依然不断灭绝的脚步，并且吹响人类自己走向灭亡的号角。而这种灭绝行为和那些死在猎人枪下和工业污染的土地上的显而易见不同，这种灭绝悄声无息，却更加具有无法阻止的杀伤力。

9 解剖室里的人生

尽管解剖学的兴起已经有好几个世纪了，但是如今任何一所医学院的解剖室都安置在最不起眼的角落或者地下室里。不轻易被人发现，是解剖室选择场所的主要原则。无论是因为担心引起一般人的恐慌，还是担心闲杂人等随意窥视，总之，这依然是一个必须低调、神秘的地方。通常通往解剖室的通道都异常安静，幽暗的尽头让人无法猜测，仿佛通往的不是解剖室，而是真正的死亡。第一次走过这里的学生的内心一定是复杂而惶恐的。不仅仅因为这环境散发出来的死亡气息，更因为他们很清楚自己接下来需要面对的是什么。

用逝去的人的身体来教会活着的人关于人体的秘密，这恐怕是人类科学史上最伟大最富有冒险精神的想法了。即使是今天，无论你学过多少科学知识，多么崇尚科学，在你面对一具躺在冰冷解剖床上的同类的遗体时，你的内心深处所感受到的也绝不仅仅只是科学本身。当揭开掩盖尸体的白布，一个你每天都可以看到的最普通的人体呈现在你面前。但和你每天看到的又都不同，没有光泽、没有弹性、没有装扮。散发着福尔马林特有的气味，那气味的浓重足以充溢你当时所有的嗅觉细胞。只有这样，不再有生命迹象的身体才能保证在接下来的解剖的数日内不会腐烂。这一刻，你会想到的有很多，尽管老师一定在讲解着什么，但是你肯定听不下去。因为你会完全被尸体吸引，你会好奇，这个将身体捐献的人是个什么样的人？他经历过什么，什么性格，何时死亡，叫什么名字，总之，总结起来，你想知道他的生命怎样走到了尽头，然后就躺在了这里。

你会有这么多的好奇并不奇怪，人生并没有多少机会能够让你如此刻一样，以一种如此单纯的姿态去凝视一个逝去的同类。更重要的是，你接下来的任务是必须用一种科学的眼光，客观而冷静地观察和学习他，从外到内所有的组成。人的皮肤比你想象中的具有韧性，手术刀划开皮肤是需要一定力度的。当然，你不会看到有让人可怕的血液渗出，因为在那之前，捐献者的血液都必须通过背后脊椎下侧的血管进行人工排放。划开的皮肤下边紧紧地贴着大量皮下脂肪，你需要小心地分开它们。为了观察更下边的肌肉，你接下来的 2 天里可能都只能做这个工作，分开皮肤和脂肪，然后把脂肪一点点地清除掉。

皮肤是不能撕下来的，因为每天解剖结束前，你还要小心地用大到恐怖的针把它们简单地缝上，避免敞开后并不可能接触了太多福尔马林的胸腹腔内部迅速腐烂。皮肤，无论任何时候都是我们保护身体的最好屏障。等到你看到了肌肉，你才会真得明白原来书上画着的那些肌肉并不是抽象的概念图，我们的身体里真的就是那样。而另一个方面，此刻你面前的人体显现出了他的机械性结构，那些严密地肌肉走向，完美的结构搭配，每一块肌肉都朝着不同的方向延伸着，支撑着我们曾经所有的灵活自如的身体活动。你会开始第一次质疑生命的本质到底是什么。因为此刻你面前的“人”看起来更像一部机器。还有那些深埋在肌肉中的神经，像一条条线路贯穿人体。随着手术刀的不断深入，你越来越模糊面前的这个在最初被你好奇其人生经历的“人”与此刻犹如打开了电视外壳的身体之间的联系。你甚至常常会忘记你在解剖一个真的人的身体，因为面对众多的肌肉组织和凸现出来的神经束早已超出了你对于人的“图像概念”。

摘取内脏。这是初次解剖者们最盼望的时刻，身体的严密超出了我们的想象。内部的结构都是互相依存，互相连接着的。你需要小心听从老师的指导才能在看不出形状、认不清位置的胸腹腔中寻找到你想要摘取的对象。你会看到这个身体的主人一生遭受到的所有内部创伤：缺失了的盲肠、阑尾，因吸烟过度被熏黑了的双肺，因酒精中毒而导致的畸形的肝脏，甚至那些最终夺取了他的生命的疾病留下的痕迹。躺着的“人”那些并不曾为人所知的所有秘密，如今都会被人们轻易发现。这些痕迹，像雕刻在树木上的年轮，记录了一个生命走过的艰程。又很像一个结束了战争的战场，或者什么被遗忘了很久的地方，总之，你看到敞开的胸腹腔的时候，不是恐惧，也不是震撼，更多的是这样复杂又难以言表的人文思考。

摘除心脏时，总会引来许多学生围观，每个人都好奇于这个人体最重要的器官的模样。虽然和我们想象中没有什么太大区别，但是当你捧在手中，你依然会为它触动。在人类的文化中“心”是最不像器官的器官，它被沾染了太多的人文色彩。你看着它，会想象到许多东西，不知道这颗心什么时候曾经悸动，什么时候曾经痛苦过，什么时候挣扎过，什么时候是否为了什么人担忧过。如今它操劳了一生和它的主人一起安歇了，终于看起来像一个普通的器官那样了。而此刻，不管你认识不认识逝者，他的心都交给了你，捧在你的手上。

大脑是另一个让人浮想联翩的器官。虽然打开人类坚硬的头颅颇费力气，而且不得不正视着死者的面孔去做这件事尤其需要勇气。但是，这丝毫不能阻挡你想要看到这个人类最大却又最脆弱的器官的模样的冲动。大脑取出来的时候，上边布满着的血管已经由于凝固而成黑色，那些象征着人类智慧的“沟沟壑壑”也依然看不出太多端详。通常，你需要参考那厚重的教科书来确认每一个部分的名称和作用。但是，这些解释是枯燥而远远不足的。至少根本无法回答你想要了解的问题。比如它如何运作，比如记忆藏在哪个部位，此刻的大脑是否完全空白，等等。大脑担任了人类思考、感受、认知、交流、行动、功能调节等诸多重大任务，当然同时每天也要消耗人体 20% 以上的能量，然而它确实如此脆弱，需要一生被包裹在坚硬的头颅里。或许吧，只有这样的脆弱和敏感，才能容纳我们同样属性的情感和思想。大脑被学生们观察之后，摆放在桌子上，等待着最终的整理。你回头看去，这些聪明的大脑排列着，却彼此不会再有交流，你们是在思念各自远离了的灵魂吗？

彻底解剖一个人，通常需要 7−10 天，而且每天都是高强度和长时间进行的。只要想要了解人体的复杂和精巧就需要这么久的时间。然后，当你带着满身疲惫将解剖了的身体再摆好，装棺入殓，你突然觉得你看遍了人体组织，一一对照教材，依然不敢确定自己到底学到了什么。但是，至少可以肯定的是，那不仅仅只是科学本身，还有关于生命、死亡，甚至是人生的诸多从未感受过的体验。而那位伟大的捐献者此刻已经静静地躺在棺木中了，你们相识时，他已死去，这是种多么奇妙的相识啊，而他却在这短短 10 天里给了你如此复杂而深邃的教育。但是，这些却不是通过教导给予你的，而是通过你的观察、感受以及思考。我们可能更应该把这样的相识当作一次生命与生命的交谈。

10 科学的前世今生

科学是一个积累的过程，任何时代任何科学领域的任何研究都必定是建立在前人的经验和理论基础之上的。对于此，我想，没有人会质疑。同时，通过近一步的研究和总结，我们又总会发现前人没有发现的问题和理论，甚至纠正前人错误的看法。这就是科学研究的实貌。于是，在某个时代，被看来轰动世界的发现，在今天可能已经只是一个普通的知识，而在某个时代，被认为是正确无误的理论也可能早已被证明是错误的。

生命科学领域可能是最容易观察到这些变化的科学分野了。因为它研究的对象十分特殊，生命，我们周遭存活的一切生物以及我们自己。和物理化学不同，生命，这是人们认为自己最了解的领域，因为我们拥有着生命，感知着生命。生命于我们而言，毫不陌生毫不抽象，任何人即使没有学习过生物科学的任何理论，也都对生命体的一切拥有观察和思考的机会。可是，当科学的观察视线转向了我们自己的时候，我们才发觉我们对自己、对生命的认知存在着近乎南辕北辙的错误。而实际上，要让人们去认识自己的错误，特别是对于自认为最了解和熟悉的东西，是非常困难的。而且，对于生命的认知也牵扯人类几乎所有领域的认知。所以，生命科学领域里科学与人类认知的斗争总是异常激烈的。

当然，我们可以理解这些斗争产生的原因。因为我们不借助任何科学手段，看到的生命的性质永远都只是表象，并且被种种表象所蒙蔽，是依靠我们的想象去定义生命的性质。而这些对于生命的非科学认识，会借助文化交流进一步加深人们对它的信任。而当科学通过实验、观测、计算等科学手段进行研究之后所得出的答案通常让人难以接受。但是，值得庆幸的是，斗争的结果通常都是人们通过科学更加深刻地认识了生命。

翻开厚重的生命科学史，你会发现生命科学一个显著的特点是，它每一次快速的发展总是伴随着某一项重大的研究突破。一项研究的突破常常带来人们思考形态的重大转变，并由此为契机逐渐形成许多新生的生命科学分支。人类解剖学兴起于欧洲的文艺复兴时期，在此之前，虽然古希腊的学者们也曾解剖过人体，但是基本上长久以来，解剖同类都被各国严禁。就是在这样的时代背景下，文艺复兴时期欧洲各国却出现许多杰出的学者们对人体结构的秘密进行了探索，这其中包括维萨利（Andreas Veslius）、达·芬奇（Da Vinci）等。在今天看来人们已经普遍能够接受的解剖，在当时犹如邪教活动一般被主流社会，甚至是掌管科学的权势者们所反对和打压。当时敢于研究解剖学的学者们常常需要冒着生命的危险进行研究，甚至自己偷挖坟墓，收集尸体。尽管今天看来简直不可思议，但是，他们的努力最终看到了成果，解剖学的兴起使整个现代医学有了新的转折点，对现代医学的建立起到了决定性的作用。人们通过解剖学的视角和观点终于逐渐地了解了我们身体的各个组成部分的作用，包括血液、肌肉、内脏等。这样的手段在当时虽然让人们难以接受，但是却给了人们认识自己内部构造的机会。人类第一次更直观地认识到了“由身体部分的协力支撑着生命”这样的观念。从此，西方医学也基于解剖学的成就之上开始更加细化临床医学的研究分野了。

而生命科学发展中的另一个显著特点就是，其他学科的进步会使得生命科学再一次找到重大的突破点。比如著名的进化论，达尔文之所以能够注意到生物物种间特征区别的联系性，正是因为当时地质学的飞速发展。当时，地质学第一次被当作了一个独立的学科，对于地球地质环境以及气候的演变，人们做了大量的考察和研究。生于这个时期的达尔文也因为这股风潮有机会踏上其他大陆的土地，并且在研究地质环境的同时观察那里的生物。地质学的发展也让达尔文了解了大陆的运动以及各种地质环境的特征，这些都无疑给了达尔文许多灵感，加上个人的努力和分析，这才促使达尔文完成具有跨时代意义的进化论。

另一个比较显著的例子是现在分子生物学领域。DNA 以及其他遗传物质的发现，都是建立在现代化学领域的发展上的。人类实现了通过分子生物学的建立，对生命有了再一次全新的认识，你可以开始了解我们体内具有的分子类型、结构。回顾生命科学史，解剖学开始从器官到细胞，到分子。人类对于身体组成的探索达到了极致，这就引发了一个问题：下一次突变在什么地方？

当一个领域达到了极限，显然也就到了研究的极致。无论下一次生命科学的突变在哪里，都不会再是单纯地研究人类身体组成上的探索了。从现在到下一次突变，可能还要像以前一样需要等待很漫长的过程，需要生命科学自身的发展加上其他学科创造类似“灵感”的时刻。就像达尔文遇到了地质学，分子生物遇到了化学一样。可能我们会再一次彻底改观我们今天看待生命的概念。我十分期待，但是站在现在这个时代节点上，我却也看不到那可能会是什么，就像数个世纪前人们无法想象人类胚胎究竟是如何形成的一样。有时候科学也是充满着偶然性的，没有一个突破点，人类永远无法豁然开朗，而突破点之后，则是长时间对该突破点的完善和修补，然后等待着下一次突破。

因此，科学的模样也常常因为所处的时代不同而不同。在中世纪，生命科学是被观察和解剖、推想所占据的；19 世纪时，则是林奈的分类学基础之上的达尔文的进化论和受此影响着的遗传学，人类都在用一种高度宏观的姿态看整个生物界；20 世纪时，生命科学的研究者们则不再翻山越岭的调查和观察了，他们开始进入实验室，在各种玻璃容器中，利用各种化学物质探索生命那些看不到的特性。

我不知道人类是否真的都有前世或者来生，但是科学在不同的时代里被人类关注的角度赋予了不同的性格和特征。翻开科学的历史书，你会想象，前人若有知，定会为今日翻天覆地的变化而感叹，而我们今天记录下的这一切关于科学的畅想，也会被后人所思考。而合上科学史，你也会感悟到，人类从混沌到探索到有所知，也正在和科学的脚步一同在历史的长河中不停轮回。

11 死亡降临时，教会我们一切

毫无疑问，死亡终有一天会到来。无论是此间嬉笑如你我，还是静坐屋前的衰弱老者，或者是欢快奔跑着的儿童，我们作为生命体的终结点都相同——死亡。我们是这个世界上唯一可以通过思考了解我们必然死亡这一事实的动物。对于人类聪慧的大脑来说，这就像我们可以通过经历从阴霾到下雨的天气经验而推测另一次同样阴霾的天气也会带来雨水一样简单。然而，死亡是特殊的，是不可逆的，也是唯一的。最关键的是，我们不知道死亡的背后是什么。

死亡是悬挂在我们生命中最准确却又最神秘的预言。我们一生都渴望了解死亡究竟是一种什么状态，那个没有人知道答案的死亡背后究竟有什么，同时我们却又极力抑制我们探索死亡的欲望，我们畏惧死亡，以至于连思考它都担心会招致死神的过早眷顾。然而，当死亡降临的时候，无论是什么原因导致了我们的身体走向衰竭，我们都会清楚地回想起一切关于死亡的思考和问题，并且感知到死亡靠近的脚步。

像我们面对的所有人生问题一样，当死亡真正靠近并且没有离开的意思的时候，我们便学会接受，即使那是我们一生恐惧的东西。我们开始不再被亲人们的眼泪所感染，开始思考人生的一切。不过，很快我们的大脑就会开始逐渐减速，意识开始模糊，我们开始分不清现实和幻觉。清晰的思路越来越是一种奢求了。不过，这也挺好，烦扰我们一生的现实世界第一次开始真正远离我们的视线了。甚至呼吸、心跳都衰弱到勉强支撑我们的生命了。再没有此刻能够更能让你体验到你是如何依赖着尚且拥有的生命。

如果你是躺在病床上，你可能还会体验多次心跳停止，并在一次次的心跳按摩和人工呼吸中苏醒。你可能已经提前体验并且窥视了死亡背后的那个答案，但是像所有最终死去的人一样，你没有体力和足够清晰的大脑让你去记忆和思考，并且转达给健康的人们。心跳停止然后再恢复一定让人很不舒服，不过即使这样的过程也不会持续太久，随着各器官继续衰竭，心跳停止的频率会增加，并且最终会伴随肌肉抽搐、瞳孔散孔、身体的血液开始转为酸性等一系列的反应带来真正的死亡。

在接下来的 1–3 分钟内，你的身体会发生一系列的变化，皮肤和肌肉再也没有神经调控下的紧张度而松弛下来。血液开始凝聚，你的样子会看上去毫无光泽和生气，像一个安静的雕塑。然而你的大脑还没有彻底死亡，尽管大量的脑细胞正在死亡着，但是这个人体最大的器官里的细胞需要大约 5 分钟的时间才能全部死亡。带着你纠结一生的记忆、情感、知识、经验、感知逐步销亡。不根据你的喜好而决定销亡的先后，更不会有精彩剪接和回放。而此刻的你，安静地躺在那里，没法阻止这一切的发生。

不到 10 分钟之后，从远古脊椎动物那里保留下来的，维持人体最基本生理活动控制作用的脑干也宣布死亡。这个身体永远地失去了“中央控制系统”，这不再是一个统一的整体了。尽管这个对于已经死亡的你毫无意义，但是我还得告诉你，你真正丧失对自己身体控制权的时间是在你死亡后的 10 分钟。是的，这多么可笑，我们已经死去，却还有 10 分钟的时间使身体依然可以听从来自脑部的命令。

当然，我们并不知道灵魂是否存在。千百年来，想要证明和想要推翻灵魂说的人不计其数。活着的人们没有任何方法可以探知这个秘密，而死亡结束一切，最终知晓答案的人们都已不能再告诉我们答案是什么了。肉体的死亡之后还有什么，在此刻除了环绕你冰冷的身体痛哭的家人之外，还会不会有你脱离了躯体的灵魂？其实，如果灵魂存在，我们更容易理解生命的许多问题。比如此刻沉浸于悲伤中的亲友们，看着你毫无生机的尸体，根本无法理解那个记忆里开朗活泼的你，怎么就从此选择了沉默。死亡的身体，像一台报废了的机器，而事实上夺走的却是饱含着一个人的一切意义上的存在。人类对于死亡最茫然的问题就在于此，人类的死亡，像是木偶戏抽离了背后控制者的手，人们看着木偶发呆，开始怀疑思念的是眼前的木偶还是抽离了的手，或者说，哪一个才是你？

在死去之后的两天里，你的身体开始僵硬，凝固的血液会使你的皮肤发黑，头发弯曲的部分会伸直，无论你去世前是怎样的俊男美女，你都变得丑陋而恐怖。活着的人类无法接受这个恐怖而残忍的事实，于是诞生了一个职业，给死人化妆。这一定是你一生中最浓厚的一次化妆，因为不够浓厚就不足以掩盖你变色的皮肤。你等待着亲人和朋友最后一次的审阅，这一次审阅的不同在于，人们看的不再是你的装扮而是确认那个躺着的你还是你。不过在那之前，你都将静躺在冰冷的停尸房中，不过你并不是孤独一个人，你的四周躺着和你同一时间死去的人们的尸体。不知道这里边有没有你当年立誓“不求同生，但求同死”的爱人。即使有，你们也不能互相感知了，哪怕她或者他就躺在你的身旁。不过，我唯一肯定的是，当年许下浪漫的誓言时他们一定没有思考过今天这冰冷的房间。

再过上大概 24 小时之后，你的身体会再次恢复柔软，前所未有的柔软。内部的细菌开始繁殖腐烂你的器官了。是的，这些始终伴随我们生命的细菌们，最终也会负担起销毁我们肉身的使命。而此时，你可能安详地躺在水晶棺中，亲人和朋友们最后一次为你相聚一堂，叙述你一生的功绩。不会有你耿耿于怀的人生失误，那些都在人们对于你离去的伤痛中被善意地抹去。原来，我们可以用生命换回最贴心的一次赞扬。

然后，你会被装在精致的棺木中，等待下土埋葬，或者用一把火焚成灰烬。不是人们不再爱你，是你不断腐烂的身体不能继续暴露在活着的人们周围，那将是恐怖而充满传染危险的。于是，像佛家所说得那样，我们归于尘土，不再扬起。无论是墓志铭上的文字，还是包裹着遗体残灰的骨灰盒，你的身体都不复存在，只存于人们的想象之中了。不到一周，我们就从一个拥有最高智商的生命体变成了一堆没有感情的物质。死亡带来的，是我们人生最剧烈的一次蜕变。

也还有另一种选择，如果你生前曾签署过捐献遗体的文件的话，医生会在你的身体刚刚死亡的时候，取下你愿意捐赠的部分，眼角膜、心脏或者其他器官，医生们会保证在这些器官不同的保存时限内，给它们找到新的主人。你死了，你的眼睛还活着；你死了，你的心还跳动着。虽然那不能代表你，但是同样也是另一种永生。按照国际移植惯例，得到你器官的人并不会知道你的名字和你的信息。无法去你的墓前，为你献上一朵鲜花，带着你的“眼睛”或者“心脏”。不过，他依然会感谢你，用你的生命延续了他的生命。

又或者，你选择给医学研究捐献遗体。你的身体会因为浸泡在福尔马林液体中而变得不朽。时间，不再是你永不可能战胜的对手了，你再也不必匆忙，玻璃容器中的你面容会异常平静。而通过你贡献出的身体，站在你身边的一群学生们会在惊恐、崇敬、紧张的复杂心情下，用手术刀划开你的身体，观察每一个你自己都不曾观察过的器官和组织。你会用自己唯一所有教会他们认识人类，这可能是你此生最后一次教导别人，用一种特殊的方式，却又是最客观的一次。最有趣的是，人们围绕着你，讨论的都是关于你作为一个人本身的问题，没有职业，没有名字，没有经历，你一生中可有如此纯粹地作为人类出现在别人的口中吗？

于是，你就这样死去了。像来到这个世界时一样纯净。像来到这个世界时一样不善于表达，也像来到这个世界时一样一无所知。如果真的可以这样去理解，那死亡可能使我们真正获得了圆满。你所不敢面对的死亡，教会我们一切。

特别篇

Matrix的世界

你对 Matrix 这个单词熟悉吗？这不是一个常用的英语单词。我最早知道它是通过一部电影，中文名叫作《黑客帝国》。拍摄于 1999 年的这部好莱坞巨作，在当时引来了极大的观影狂潮。除了好莱坞惯有的震撼大场面的原因之外，更重要的是，这部电影探讨了一个很严肃的问题——未来世界中，人类与网络的关系。显然，导演思考的结果是不乐观的。拥有了意识和野心的电脑，通过网络这个人类赋予的能力，开始控制和血洗人类。人类再一次挣扎在生存边缘。于是，新的救世主，面对新的敌人，完成救世主惯有的使命——拯救人类世界。

电影中，人类遭遇毁灭性打击的剧情并不稀缺，可是《黑客帝国》所描述的灾难却很可能会出现，在影片上映后 11 年里，网络更加迅猛地发展并且更加深入人类生活。这都无疑让人开始担忧起世界有一天会不会真的出现电影中的情节。而电影更让人深思的问题在于，一个具有思考、应战并且渴望谋取权力的电脑距离生命还有多远？观看电影的我们可能早就把这个虚幻的敌人当作了某种生命体，因为我们像面对电影中每一次主角对抗邪恶电脑时会像对待任何一部电影中英雄对抗恶人一样，为主角揪心，为失败感叹，为胜利欢呼。那么，一个疑问开始出现，生命的定义究竟是什么？

让我们再回到 Matrix 这个单词上来，这个单词原意有很多，其中一个是矩阵。稍懂计算机理论的人都知道，计算机程序中充满了由单纯的“0”和“1”构成的“矩阵”。这被普遍观众认为是影片名字的意思来源。我也一直是这么认为的，直到我攻读硕士学位期间，无意间听到老师说到胎盘提供给胎儿养料的部分也被称作 Matrix。我马上就想到了影片中数次出现的孕育生命的房间，挂满人类胚胎的画面曾经深深地震撼过我。这瞬间就使我陷入了思考。如果《黑客帝国》也是因为这个原因而选择了这个单词作为题目，则使电影变得更加富含哲学意义。

熟悉《黑客帝国》的朋友们可能都知道，影片中的人类都是通过未来生物工程的手段培育出来的，这也就是影片中出现挂满胚胎的房间的秘密所在。孕育生命，这是个很复杂也很古老的概念。我们每一个人都曾经被孕育，也都会背负着孕育生命这个特殊的使命。但是，作为一种本能，我们并不了解它。这几乎是我们生命中最神秘最奇妙也最伟大的一个特征了。导演所设计的未来世界，掌握孕育生命的秘密成为时代标志，或许是无心的安排，但却依然可以感受到人类始终对于“孕育生命”的好奇。

人类对于自身的认知一直都是匮乏和片面的，人们既无法否认自己也是普通的生物种群之一，又不屑于和野蛮单纯的其他生物种类为伍。尽管达尔文的进化论和分子生物学的无数证据证明了人类隶属于生物的一种，可人类却根本无法在地球上找到另一个物种可以像人类一样拥有如此高等的智商。然而，人类将高智商用于圈养动物用以屠宰，种植个别植物，清除对自己造成威胁和无用的植物。从未见到高智商下应有的怜悯心。但是如果有一天植物懂得流泪，动物懂得求饶，恐怕人类就很难再下手，因为人类看到了它们的人性。而人性，才会让人类发出“同为生物”的怜悯感。这就是人类爱心的最大真相，我们对于动物的爱心是有限的，因为人类对于没有语言交流的动物，潜意识中是鄙视的。

所以，我们也同样可以推论，如果真的出现电影《黑客帝国》中的局面，“电脑人”对我们同样不需要心慈手软，在“他们”眼中，我们也是低级的区别于“他们”的生物。尽管“他们”没有DNA，不算是生物体，但是面对一个拥有自主思想和欲望的机器，我们却也无法这么简单地将其剔除在生命体之外。因为我们目前看到了地球上的所有的“活物”都拥有DNA或者RNA，都可以繁殖后代，于是，我们将这些条件作为定性生物的标准。说到底，我们根本不能客观地描述生命体的定义，我们现行的定义方法无非是对可观察到的生命体进行了共性归纳。这个归纳是存在着局限性、时效性的，这并不能一直作为区别生命和非生命的绝对定义。

而另一方面，我们也得看出，虽然我们一直在寻找潜在可能消灭人类的更高等的生物。但是显然从人类控制下的地球进化出比人类更高等的生物很难。或许，有可能人类制造的机器才是最终的“人类终结者”。而人类最终也可能因无法抵御机器的冷静和高智商，被消灭。人类制造的机器，成了地球的主宰，完成了一次与以往不同的“进化”飞跃。当然，无论是作为一般读者的诸位，还是生物学家都不会将这样的物种灭绝称为进化。但是，我觉得除了和地球其他生物的身体结构不同，机器或者电脑构成新物种并没有什么不符合“生物”条件的，有思想，有意识，需要获取能量来维持“活动”，可以遗传（资料和信息的传送），甚至可以通过制造新机器来完成一般生物的生殖意义，或许不像人类一样利用“性”作为媒介，但是这也能是生殖的一种和另一种形式上的区别而已。虽然机器的源头与现在地球上的任何生物没有潜在的关联性，但我们可以把它当作另一个系统下的进化。很难说当地球上只剩下了人类发明的这些高智能的机器之后，“他们”会不会“进化”出多种多样的“物种”来。

另一方面，说到人类自己，把我们的身体拆开其实也无非是一个个没有生命的“零件”罢了。当然，说到这个程度，一个核心问题依然是生命是什么？没有人能够解释的清楚。从这个意义上来说，生物学真是一门异常复杂的学说，因为被人类控制着的它还无法真正客观地观察世界。大部分概念都存在着人类的狭隘或者说主观的痕迹。

且先从这繁杂艰难的问题思考中跳出来，让我们回到电影中。《黑客帝国》的成功在于它糅合这些所有的难解之题，却没有企图去破解任何一个，它就是把这些问题摆在那里，供我们去看。当然，事实上它也无法解释什么。像电影中那些悬挂在那些人工 Matrix 里的生物工程的人类一样，“他们”不可能理解自己和自然出生的我们有什么区别，生命的孕育和诞生充满了疑问和未解。从单细胞生物到类人猿，到人类，到生物工程“制造”的人类，到具有自我意识的电脑，生命究竟是从何而来，又会去往何处呢？

弗洛伊德的偏执

20世纪初，有一位非常特别的学者，他的职业是一名医生，主攻脑神经。但是，他一生最大的功绩是创建了一个全新的学科——精神分析学，从而开创了近代心理学的发展基石。他的学说历代备受争议，却间接性地带动了人文世界对于精神与人体的思考。而由于他研究的领域的特殊，使得他的学说同时具有相当浓厚的哲学色彩。这个传奇人物就是弗洛伊德（Sigmund Freud）。

我得承认，我算不上非常了解心理学和弗洛伊德的精神分析学。但是我一直对弗洛伊德具有浓厚的兴趣。因为一些传闻让我觉得他很酷，至少谈起他的人们显得异常深沉和小资。而且他写的书看起来并不是那么枯燥，至少名字让人好奇——《梦的解析》。这让我错以为这是一本非常轻松而有趣的书，因为你知道，我上一次听到关于和梦相关的书还是《周公解梦》呢。

当然我也必须承认，当我翻开《梦的解析》之后，我发现并不是我想象的那样，至少读起来一点也不轻松，甚至理解起来相当困难。因为那里有着大量的对于人潜意识以及心理征兆的分析。弗洛伊德对于人类的心理构建有着十分严谨而清晰的推论。他认为，人的心理构建分为三层：本我、自我、超我。“本我”代表了最原始的对自身的认识和界定，由人的最原始的欲望和本能支配着；“自我”则是在成长过程中，对于来自“本我”的那些无法完成的欲望所进行的自我压抑和调节；而“超我”则是建立在实际社会生活和了解了人类普遍认同的道德原则之后，对自我原始欲望的一种批判和谴责。这是弗洛伊德学说最重要的核心，也是精神分析学的基础。

它最大的意义在于提出了人类心理构建的“层次”。这个很重要，人类内心活动的复杂性，就是多重心理“层次”叠加、碰撞的结果。

而梦境是一个非常特殊的人类生理活动，人体以及大脑都处于休息状态，大脑的逻辑分析能力下降，所以梦境很大程度上反映了潜意识的活动。要知道，尽管对于人类的潜意识还并没有准确而清晰的定义，但是潜意识至少包括了被我们所压抑了的原始欲望、冲动、回避的记忆等等，也就是弗洛伊德所说的“本我”下的心理活动。但是，显然，我们的“自我”和“超我”在梦境中也不会任由“本我”肆意发挥，所以我们的梦境虽然能够反映“本我”的欲望，但是依然会被扭曲和隐晦表达。

弗洛伊德对于人类心理的分层，尤其“本我”“自我”“超我”的概念给哲学界以及文化界带来了很多启发。这促使人类进一步改变了以神学为中心思考的哲学观风潮转变为对于人类自身内心、灵魂的探索。人们对于潜意识，对于内心最深处的自我的好奇，也促使了超现实主义艺术流派的兴起。当然，这是后话。

翻开弗洛伊德的书，你会看到弗洛伊德在分析人内心世界的时候所选取的许多病例。处处都可看到弗洛伊德根据自己所说的“从被扭曲中的梦境中寻找被隐藏了的真实”的观点进行的病例分析。弗洛伊德不断地分析病人梦境中那些荒诞的象征符号。不可否认的是，当我们醒来，我们的梦境很难用一般逻辑去尝试理解。而弗洛伊德所做的正是这个让人头痛的工作。弗洛伊德认为，梦境中出现的枪械、利剑等符号象征着男性生殖器官，而类似果实、河流则象征着女性生殖器官。我们梦中出现的看似毫无关联，甚至荒谬的场景和物品就这样拥有了它特定的含义。

但是，你继续阅读弗洛伊德的文章就会发现一个十分突出的问题，弗洛伊德的梦的分析几乎最终都指向了性欲望或者性压抑（Libido）。在弗洛伊德看来，人类的性欲望支配着人类的所有潜意识的本质。那么，是否我们做的所有的梦都是这些东西呢？当《梦的解析》出版了100年以后，我们可以肯定地说不是的。弗洛伊德对于人类潜意识的分析的方法虽然十分正确，但是却不是绝对客观的。实际上任何人也无法达到绝对客观。像弗洛伊德之所以关注性压抑，在于他所处的时代和个人经历。这些因素造就了他关注于此。显然，随着时代的发展和社会生活的各种变化，人类内心压抑的原始欲望也会发生变化。

尽管弗洛伊德分析得偏执性有着其不得不发生的环境因素，我们也得看到一点，那就是弗洛伊德的学说依然是不完全的。他只解决了人类心理意识的分层，对于解读人类潜意识符号并没有特别可靠的理论。谁敢保证每个人梦到利剑，就是“本我”对于男性生殖器的意识被模糊化的？谁又敢保证每次梦到类似的物品都是来自同一个意识？

同时代的另一位著名的心理学家荣格（Carl Gustav Jung）最终和弗洛伊德产生了学术分歧，分歧主要也是集中在潜意识究竟是什么构成的问题上。当然，他也有着他个人的偏执性，即关于宗教的影响和投射也应该存在于人类的潜意识，他认为人类存在着共通的潜在意识，这些和宗教、神学有着某种潜在的联系。荣格认为人与宗教的联系，更多地体现在了潜意识中。荣格认为无神论者的弗洛伊德将人类的潜意识分析得过于客观和单一。但是，他却没有意识到自己作为一个宗教信仰者，本身的意识受到宗教的极大影响，也是无法脱离对人类潜意识分析上存在着的偏好和单一。

显然，这也更加说明了研究精神分析学说的科学家们都无法秉承客观的现状，每一个人都有着自己主观的倾向和喜好。因为精神分析学不像其他科学学科，并没有确切的证据去证明每一个推断。这就使得精神分析学的发展迫切需要在解析潜意识和分析心理上思考出更为客观和同一的理论和标准。不过，显然并非易事。

而且，我认为精神分析学本身也存在着部分“偏执”的设定，比如过分强调潜意识的影响和显现。显然人类的大脑是复杂的，每天所处理的信息也是庞大的。在我们的梦境之中，可能包含的元素远远不止潜意识这么简单。甚至，潜意识也可能不仅仅只有欲望和伤害的反应，我们的潜意识是大脑最靠近本能的意识区域，那么可能也会包含着对于那些来自于进化产物的本能特性的反应。当然，这都只是我的猜想，并没有确凿的证据。但是，我们必须意识到弗洛伊德的学说是存在偏执性的。

如何修正精神分析学的这种偏执性呢？我们需要更加客观和全面的视角来分析人的内心世界。我想最好的办法不过于暂时忘却关于潜意识的分层方法。因为这一方法的最终指向始终是停留在对于原始欲望的发掘，无论你怎么转换，也无法逃离原始欲望这个基本出发点。我们应当尝试去了解人的梦境中除了表现原始欲望还有着什么。还有那些在弗洛伊德看来仅仅提供了“场景”和“假象”的显梦（manifest dream）究竟含有什么意义，仅仅只是对于回忆和生活经历的刺激的反映吗？对于梦境，对于人类精神世界的分析，我们还有着许多的问题等待发掘。

不过，话说回来，弗洛伊德当年的偏执帮助他完成了自己的学说。这在当时是十分困难的，人们对于自然科学和无神论的思想接受的还不完全，而且脑科学也尚未发达，在这样的环境下，弗洛伊德如果不是固执地坚持自己的想法并付诸研究，恐怕很难得出这些伟大的理论来。所以，有时候，我们也得明白，偏执对于科学来说，也是一种力量。

后记

小的时候我常常躲在被子里睡不着觉。因为我看到电视上说世界人口一直在增长，我很担心明天起来世界上再不会有空气，再不会有洁净的水，再不会有可以居住的地方。我不知道为什么这样沉重的问题折磨着我。或许只是出于一种动物的本能——恐惧。恐惧是个好东西，它让人类懂得使用大脑来解决问题，消除恐惧。可是，当我长大之后，我发现我当年恐惧的问题依然悬而未决，或者并没有什么合理的答案，但是恐惧感却消失了。我们学会了许多先进的科学理论，因此不会担心空气被过多的人口消耗一空，也不会担心60亿人口会带来什么真正可怕的东西。或者，生活的经历告诉我们，地球很大，人类很多，那些可怕的问题距离我们很远，至少，这些并没有威胁到我的生活。

而实际上，只要稍微想一下就会知道，这个想法是错误的。既然是我们生活的地球，这么重要的问题怎么会与自己无关呢？后来，我终于想明白了问题所在，成长让我们不断成熟的同时给我们带来了另一个认知，就是学会逃避暂时不伤及自身的问题，也学会用科学的口吻来粉饰太平。我们学会了逃避和拒绝思考一切与我们切身利益相关不大的问题。是的，我们都喜欢幸福安逸，讨厌恐惧不安和杞人忧天。但是，缺乏恐惧感的我们将停止思考，拒绝改变，并因此而变得更加盲目和无知。

而另一方面，这个世界处处存在着有意或者无意的定向思考的束缚。比如我们的生活，比如社会，比如政治，比如我们引以为傲的科学。民众的盲从和“传教士”们的游说，使得我们深信不疑我们的世界一切都是合理和欣欣向荣的。我们缺乏的不是思考的时间，而是思考的方向。人类历史上几乎所有企图跳出束缚的先驱们都被当作异类，遭受不公，甚至危及生命。世界在进步，社会在变得更文明，可是人类对待不愿屈服于模式化的思考者们的态度却并没有太多变化。这是可悲的，不是某一个人，某一个民族的可悲，而是全人类的可悲。

冷静思考一下的话，如果说被架在火堆上的哥白尼，是因为当时的宗教控制和人们缺乏科学观念的意识的话，如此科学至上、思想开放的今天为什么依然如此呢？而今天，主导这样的禁锢思想的不再是宗教，不再是人们狭隘的见识，而是我们赖以生存的经济。全球化的经济模式，使得一切学术领域被迫与经济成为利益捆绑。任何不见经济效益的学说都会被冷落，任何与人类生产活动关联不大的学科都会门可罗雀。而且，人们对此报以同情和理解，有用论和无用论的观念早已植入人心。那些苦苦思索答案的数学家们，那些争论观点的哲学天才们，早就不是这个时代人们所羡慕、所崇拜的偶像了。工学的发达换来的是其他所有学科的没落。

而没有任何人可以否认，工学甚至任何今天人类的经济活动所依赖的学科都是建立在基础学科之上的。没有那些默默在背后思考人类今天所面对和将要面对的一切的基础学科研究者们，人类才会真的停滞不前。这无关喜好，无关国情，这只是一个眼界大小的问题。像序言中所说得那样，我没有勇气像其他人那样，为科学的发展粉饰太平，甚至我要表达的并不是科学本身，而是我们需要怎样的思考模式，需要如何正视科学，正视我们这个世界。如果你从这本书中只读到了风趣和调侃，或者只是学到了多少关于人类的真实。那说明你被这个社会的主流思想毒害深重，根本没有认识到这本书的价值。你应该在读完这本书之后，苦苦思索，甚至彻夜难眠。是的，这不是一本为了让人放松的书，这是一本需要你意识到个人责任从而去思考人类自身、世界未来的书。

如果有更多的人如此深邃、如此严肃地去思索书中写到的这些问题的话，我相信，这些就不再是不被人们关注的边角余料，而是科学世界，甚至是人类文明的又一次伟大的飞跃。

阿溟

2011 年 2 月 25 日

于大阪大学医学部

参考文献

中文：

〔1〕(奥) 弗洛伊德著 . 梦的解析 . 周艳红，胡慧君译 . 上海：三联书店，2008.

〔2〕(美) 洛伊斯·N. 玛格纳著 . 生命科学史 . 李难，崔极谦，王水平译 . 天津：百花文艺出版社，2002.

〔3〕(以色列) 尤瓦尔·赫拉利著 . 人类简史 . 林俊宏译 . 北京：中信出版社，2014.

日文：

〔1〕田村隆明，山本雅 . 分子生物学イラストレイテッド . 东京：南江堂，1998.

〔2〕中井益代，山本三毅夫，山本直树，坂井建雄 . 人体とウイルス . 东京：东京大学出版社，1996.

〔3〕中村方树 . 脳から見た心の世界 . 东京：日本经济新闻出版社，2006.

〔4〕高桥雅延 . 認知と感情の心理学 . 东京：百日社，2009.

〔5〕富田宪治，沼田英治，井上慎一 . 時間生物学の基礎 .[出版地不详]：日本科学出版社，2003.

〔6〕村上亨 . 意外に大きな効果が生じている偽薬の効能 . 东京：日本经济新闻出版社，1998.

〔7〕押村光雄 . 注目のエピジェネティクスがわかる . 东京：羊土社，2004.

〔8〕押村光雄，伊藤敬 . 発生　細胞分化を決定するエピジェネティクスと遺伝子発現機構 . 东京：羊土社，2003.

〔9〕小安重夫 . 免疫学最新イラストレテッド . 东京：东京大学出版社，2001.

〔10〕長谷川寿一，長谷川真理子 . 進化と人間行動 . 东京：白日社，1997.

〔11〕池田清彦 . 科学はどこまでいくのか . 东京：筑摩書房，2006.

Wikipedia（日语版）：

〔1〕夢科学 . https://ja.wikipedia.org/wiki/ 夢 .

〔2〕根拠に基づいた医療 . https://ja.wikipedia.org/wiki/ 根拠に基づく医療 .

〔3〕遺伝子組み換 . https://ja.wikipedia.org/wiki/ 遺伝子組み換え作物 .

〔4〕食糧不足 . https:// ja.wikipedia.org/wiki/ 食糧危機 .